河南省自然科学基金项目"地域资源禀赋下的黄河流域传统村落人居环境活化机理与调控路径研究（242300420597）"；河南省软科学研究计划项目"双碳目标下绿色金融助力河南省生态产品价值实现机制与路径研究"（232400412050）；河南省教育科学规划重点项目"职业教育服务河南省技能型社会建设的功能定位与实现路径研究"（2023JKZD41）资助。

品牌标识设计与品牌个性匹配对品牌资产的影响

陈婷婷　著

武汉大学出版社

图书在版编目(CIP)数据

品牌标识设计与品牌个性匹配对品牌资产的影响/陈婷婷著.
—武汉：武汉大学出版社，2024.5(2024.12 重印)
ISBN 978-7-307-23929-6

Ⅰ.品… Ⅱ.陈… Ⅲ.商标设计—影响—品牌—资产价值—研究
Ⅳ.F273.2

中国国家版本馆 CIP 数据核字(2023)第 153525 号

责任编辑:陈 红 责任校对:汪欣怡 版式设计:马 佳

出版发行：武汉大学出版社 （430072 武昌 珞珈山）
（电子邮箱：cbs22@ whu.edu.cn 网址：www.wdp.com.cn）
印刷：武汉邮科印务有限公司
开本：720×1000 1/16 印张：11 字数：178 千字 插页：1
版次：2024 年 5 月第 1 版 2024 年 12 月第 2 次印刷
ISBN 978-7-307-23929-6 定价：58.00 元

前　　言

　　品牌标识与品牌个性是两个关联度很大的变量，一方面，品牌标识作为品牌的官方视觉表达，为消费者识别和解读品牌个性提供了十分关键的视觉线索；另一方面，当品牌个性与所选取的品牌标识的设计特征相匹配时，可以带来更积极的消费者反应。品牌个性的表达可以借助不同类型的视觉呈现方式来得以体现，如高层次的呈现方式（精心性与和谐性）和低层次的呈现方式（自然性）。以往学者大多聚焦于探讨品牌标识高层次视觉呈现方式的不同维度对消费者信息处理方式和品牌个性感知的影响，如动态性、复杂性、对称性及稳定性等，为企业如何选择和设计品牌标识提供了重要的理论参考。作为一种低层次的视觉呈现方式，自然性反映了品牌标识对客观自然物象原形的描绘程度。在品牌管理实践中，无论是高自然性的品牌标识还是低自然性的品牌标识都被许多公司采用，但是，品牌管理者通常并不清楚如何在这两种品牌标识之间进行正确的选择，一旦采用了与自身品牌个性不匹配的品牌标识，就会产生极其负面的消费者反应。理论上来讲，对于品牌应该如何选择适当自然性水平（低自然性 vs. 高自然性）的品牌标识，以往学者也并没有给出清晰和明确的答案。

　　为此，本书以品牌标识视觉呈现的自然性作为切入点，基于视觉意象理论、图式理论以及感知一致性理论，开展了两个正式研究尝试探讨品牌标识自然性对品牌刺激个性感知及品牌资产的影响。其中，研究一实施了 5 个实验来探讨品牌标识自然性对品牌刺激个性感知的影响，以及品牌标识创造性感知在这一影响过程中的中介作用和产品类型（自然成分产品 vs. 人造成分产品）在这一影响过程中的调节作用。研究二首先通过 2 个情景实验来论证品牌标识自然性与品牌刺激个性特征的匹配对品牌评价（基于消费者要素的品牌资产）的积极影响，以及品牌标识与品牌感知一致性在这一影响过程中的中介作用；然后进一步参考真实的市场财务数据来检验品牌标识自然性与品牌刺激个性的匹配对品牌市场财务表现（基于财务要素的品牌资产）的积极影响以及消费者对品牌的积极评价（基于消费者要素的品牌资产）在这一影响过程中的中介作用。

总的来说，本书两个研究的结果表明：（1）相对于高自然性的品牌标识，低自然性的品牌标识创造性更强，对品牌刺激个性感知的影响也更积极；（2）产品类型会调节品牌标识自然性对品牌刺激个性感知的影响，具体来说，相对于自然成分产品，人造成分产品与低自然性的品牌标识匹配时对品牌刺激个性感知的影响更积极；（3）相对于高自然性的品牌标识，低自然性的品牌标识与刺激个性定位的品牌感知一致性更高，对刺激个性定位品牌的评价（基于消费者要素的品牌资产）能够产生更积极的影响，进而对品牌的财务估值（基于财务要素的品牌资产）产生更积极的影响。

本书共包括六章：第一章为绪论部分，主要介绍本书的研究背景、研究问题、研究意义、研究内容及方法；第二章为文献综述部分，主要介绍品牌标识、视觉自然性、品牌个性及品牌资产的相关文献研究情况，并在此基础上明确本书的研究问题；第三章为相关理论基础部分，主要是对视觉意象理论、图式理论以及感知一致性理论进行系统的梳理；第四章为研究一，主要是在文献综述和理论梳理的基础上，探究不同自然性水平的品牌标识对品牌刺激个性特征有何差异化影响及其背后的逻辑即中介机制和可能的边界条件；第五章为研究二，主要在研究一的基础上进一步论证品牌标识自然性与品牌刺激个性的匹配对两种不同评估方式下的品牌资产的影响；第六章为总体结论部分，主要是在实证研究结果分析的基础上，对本书的研究结论进行汇总，进而阐明本书的理论贡献和营销启示，并指出本书的研究局限和可能的未来研究方向。各章的具体内容简要如下：

第一章是绪论，主要阐明了本书的研究背景、研究问题和研究意义。消费者通常会借助品牌标识的视觉信息来推断其所属品牌的个性特征，理论上以往学者们对品牌标识的研究更多地聚焦于品牌标识的高层次视觉呈现方式（精心性与和谐性）对消费者感知和态度的影响，而忽视了自然性这种低层次的视觉呈现方式对消费者认知和行为反应的影响。营销实践中无论是高自然性的品牌标识还是低自然性的品牌标识都被许多品牌采用，但是品牌管理者通常并不清楚如何在这两种品牌标识之间进行正确的选择。基于此，本书认为我们急需明确品牌应该如何依据个性特征来选择合适自然性水平（低自然性 vs. 高自然性）的品牌标识。

第二章是文献综述，主要对品牌标识、视觉自然性、品牌个性以及品牌资产相关构念的研究进行了系统的梳理和客观的评述。首先，本书发现尽管学者们从很多视角探讨了品牌标识对消费者认知和行为反应的影响，但是有关品牌标识在消费者行为领域的研究主要表现出"注重高层次视觉呈现方式（精心性与和谐性）的影响而忽视低层次视觉呈现方式（自然性）的影响"这一特点。其次，本书通过对视觉自然性相关文献的系统梳理，发现现有文献更多地重视高自然性品牌标识的审美优势，而忽视不同自然性水平的品牌标识对消费者感知和态度影响解释机制的差异性。再次，本书梳理了品牌个性的历史研究脉络和相关研究视角，发现品牌个性的相关研究大多聚焦于消费者与品牌的一致性而忽视消费者心理意象的作用。最后，本书根据研究需要对品牌资产的内涵、维度以及前置因素进行了系统的梳理，发现这些研究大多重视品牌标识设计和品牌个性对品牌资产影响的独立效应，忽视二者对品牌资产的交互作用以及不同类型的品牌资产之间的相互关系。

第三章是相关理论基础，通过上一章的文献回顾和评述，明确了本书的主要研究问题，即品牌标识自然性对品牌个性感知有何差异化影响以及品牌标识自然性与品牌个性的匹配对品牌资产有何影响。为了清楚地解答这些问题，我们寻找了一些相关理论来做铺垫。具体来说，这一部分对视觉意象理论、图式理论以及感知一致性理论进行了系统的梳理，并对这几个理论在消费者行为领域的研究进行了整理和分析，为本书的研究奠定了扎实的理论基础。

第四章是研究一，在文献综述和相关理论梳理的基础上，提出本书的研究假设：（1）相对于高自然性的品牌标识，低自然性的品牌标识对品牌刺激个性感知的影响更积极；（2）品牌标识的创造性感知在这一影响过程中发挥中介作用；（3）产品类型（自然成分产品 vs. 人造成分产品）会调节品牌标识自然性对品牌刺激个性感知的影响。然后，研究一通过情景实验方法来充分论证和检验品牌标识自然性对品牌刺激个性感知影响的主效应（研究 1a）、中介效应（研究 1b）和调节效应（研究 1c）。

第五章是研究二，在研究一的基础上探讨品牌标识自然性与品牌刺激个性特征的匹配对品牌资产的溢出效应。其中，研究 2a 重点检验了品牌标识自然性与品牌刺激个性的匹配对品牌评价（基于消费者要素的品牌资产）的影响以及品牌标识与品牌感知一致性在这一影响过程中的中介作用；研究 2b 通过分析真实的市场财务数据来进一步论证品牌标识自然性与品牌刺激个性的匹配对品牌财务估值（基于财务要素的品牌资产）的影响。

第六章是总体结论，主要对本书总体研究的结论进行了整理，并讨论了本书的理论贡献和营销启示，最后指出了本书研究的局限性和可能的未来研究方向。目前，有关品牌标识视觉低自然性效应的相关理论研究相对较少，如何选择适当自然性水平（低自然性 vs. 高自然性）的品牌标识仍然缺乏充分的理论指导，未来学者们可以从其他视角来深入拓展本书的研究，以期为品牌管理实践提供更系统和完善的理论参考。

目　　录

1 绪　　论

1.1　问题提出和研究意义

1.1.1　研究背景

现有研究表明，品牌是具有个性的，作为自我表达的象征（Keller，1993）。品牌标识作为一种视觉符号，包含文字、图形、颜色和形状等视觉元素。其中，图形是品牌标识最基本的视觉特征（Henderson et al.，2003），为消费者识别和解读品牌个性提供了十分关键的视觉线索（Batra et al.，1993；Aaker，1997；Aaker et al.，2004；Pantin-Sohier and Brée，2004；Sohier and Brée，2004；Grohmann，2008；Sharma and Varki，2018）。品牌标识图形的视觉呈现方式会影响消费者对品牌个性的认知和判断，这主要是由于消费者会根据品牌标识反馈的视觉信息而自发地形成与该品牌有关的视觉意象（MacInnis and Price，1987）。从品牌标识图形视觉呈现方式的视角看，可能会影响品牌个性感知的因素有很多，主要包括高层次的呈现方式，如精心性（elaborateness）与和谐性（harmonicity），以及低层次的呈现方式（Henderson and Cote，1998），如自然性（naturalness）。学者们已经从许多不同维度探讨了品牌标识的高层次视觉呈现方式对品牌个性感知的影响，如动态性（Brasel and Hagtvedt，2016）、稳定性（Rahinel and Nelson，2016）、对称性（Luffarelli et al.，2019；Bajaj and Bond，2018）、完整性（Hagtvedt，2011）以及复杂性（Van and Das，2016）等，并发现使用不对称、不稳定和动态的品牌标识会让消费者感觉品牌更符合刺激个性特征。这些文献不仅为品牌视觉营销的研究提供了充分的理论参考，而且对品牌管理实践具有重要的指导意义。

品牌个性可以通过不同维度的品牌标识视觉呈现方式来彰显，作为一种低层次的设计特征，自然性也是品牌标识的一种重要呈现方式，反映了品牌标识对客观自然物象原形的描绘程度。依据这一维度，品牌标识可以分为高自然性的品牌标识和低自然性的品牌标识（Henderson and Cote, 1998）。不同自然性水平（低自然性 vs. 高自然性）的品牌标识对消费者关于品牌个性的感知是否存在差异化的影响呢？理论上现有研究并没有给出清晰和明确的解答。营销实践中两种不同自然性水平的品牌标识都被许多品牌采用，例如，"老干妈""肯德基"和"王守义"等品牌选择的都是自然性较高的品牌标识，而"别克""奔驰"和"三菱"等品牌使用的都是自然性较低的品牌标识。

另外，还有一些品牌随着时代的发展潮流和自身的经营需要，会将其品牌标识在低自然性和高自然性两种表现形式中任意切换，如"迅雷"原来使用的是一个非常低自然性的蜂鸟图案品牌标识，现在更换成十分生动形象的高自然性的蜂鸟图案品牌标识；而"ins"原来使用的是一个非常高自然性的相机图案品牌标识，现在更换成低自然性的几何形状品牌标识。这些品牌更换和重新设计的品牌标识与其原有的品牌个性特征相匹配吗？实际上，很多品牌管理者通常并不清楚如何在这两种不同自然性水平的品牌标识之间进行正确的抉择，更别说考虑品牌标识自然性可能会对其品牌个性产生的影响。一旦品牌选择、设计或更换了与自身品牌个性不一致的品牌标识，就会激发消费者的负面情绪，适得其反（Aaker et al., 2004）。

那么，品牌应该如何依据自身个性特征来选择适当自然性水平的品牌标识呢？传统的关于视觉自然性的研究都提倡品牌的广告和包装等应尽可能自然，因为高自然性的视觉设计表现形式确实能够增加消费者的熟悉感，有利于消费者对品牌信息的流畅解读。但是，它们大多忽视了一类品牌标识不可能只会存在单一的影响，对一些消费者来说，品牌标识的基本自然性在传递熟悉意义方面的确具有优势；但是，对另一些消费者来说，这类品牌标识有时未免乏味，而适当的低自然性的视觉设计恰巧可以凭借其创造性的表现形式来吸引消费者的关注，并传达出独特的品牌个性。因此，本书认为可以从消费者对不同自然性水平的品牌标识的视觉感受差异入手，来分析品牌标识自然性对品牌刺激个性感知的差异化影响及品牌标识自然性与品牌刺激个性的匹配的积极溢出效应，从而为品牌管理者如何选择适合自身品牌个性的品牌标识提供充分的理论依据。

1.1.2 研究问题

本书以品牌标识视觉呈现的自然性作为切入点，重点探讨了：（1）品牌标识自然性对品牌刺激个性感知的差异化影响及其背后的中介机制和可能的适用条件；（2）品牌标识自然性与品牌刺激个性的匹配对品牌资产的影响。具体来说，本书聚焦于解决以下几个问题：

（1）不同自然性水平的品牌标识对品牌刺激个性感知的影响差异

自然性反映了品牌标识对客观物象原形的描绘程度，依据这一维度，品牌标识可以分为高自然性的品牌标识和低自然性的品牌标识（Henderson and Cote，1998）。高自然性的品牌标识的图案是对自然物象原形忠实性再现的表现形式，非常直观，并没有过多人为创造的成分（Pracejus et al.，2006；Machado et al.，2018；Mahmood et al.，2019），消费者很容易联想到这类标识所属的品牌不够大胆和独特（Aaker，1997；Ahluwalia，Burnkant and UnNava，2000）。相反，低自然性的品牌标识是对自然物象的本质特征进行提炼和概括甚至创造出一种新的观念符号的表现形式（Henderson and Cote，1998；Joana et al.，2015）。也就是说，低自然性的品牌标识包含较多的加工和创造成分，与消费者脑海中储存的自然物象的图式通常不太一致，但是，适度的不一致也可能会导致较高的主观唤醒，促进消费者投入更多的认知资源来对这类标识传递的视觉信息和品牌属性信息进行深入的分析加工（Blijlevens et al.，2012）。

因此，与高自然性的品牌标识相比，受到客观自然物象先验知识的限制（Krupinski and Locher，1988；Henderson and Cote，1998），低自然性的品牌标识更多的是调动消费者的想象意象。不同于记忆意象是调动现有经验的意象，想象意象是构建新的和从未经历过的意象（Dahl et al.，1999）。想象意象是新颖的，因为它涉及以前看不见的意象的创造，这一过程不仅会增加消费者对低自然性品牌标识的创新性的认知，还会促进消费者将这些联想转移到标识对应的品牌（Bettels and Wiedmann，2019）。也就是说，相对于高自然性的品牌标识，低自然性品牌标识更容易让消费者联想到使用这类标识的品牌是敢于打破常规、富有冒险精神、独特以及更有现代感（品牌刺激个性）（Robert，2014；Luffarelli et al.，2019）。基于此，本书预计相对于高自然性的品牌标识，低自然性的品牌标识对品牌刺激个性感知的影响更积极。

（2）不同自然性水平的品牌标识对品牌刺激个性感知的影响有明显差异的原因

品牌标识的视觉呈现方式会触发消费者不同信息加工方式的研究已经被许多学者关注，但自然性水平（低自然性 vs. 高自然性）是否会引发某种特定的信息加工方式，进而影响品牌个性感知呢？一般来说，消费者会对自然物象具有一定先验知识结构即图式（Mandler，1982），这些图式能够引导消费者形成对自然形态领域的既定期望，并以此来处理和检索信息（Meyers-Levy and Tybt，1989；Joan and Alice，1989）。高自然性的品牌标识是对自然物象原形的忠实性再现，这种视觉设计特征与消费者对具体表达对象的记忆图式更加一致，这种一致性可能会让消费者感觉品牌标识不够独特和有吸引力。而低自然性的品牌标识是在自然物象原形的基础上提炼出其本质特征甚至创造出一种新的观念符号，这种视觉设计特征与消费者对具体表达对象的记忆图式不太一致，这种适度的不一致可能会让消费者感觉品牌标识更具有创造性（creativity），即品牌标识区别于其他品牌标识的新奇、创意感和原创性（Goldenberg et al.，1999）。因此，更容易让消费者联想到使用这类品牌标识的品牌是敢于冒险和打破常规的、独特的、时尚的以及有现代感的，这些特征与品牌的刺激个性更加一致（Nguyen et al.，2016）。基于此，本书预计相对于高自然性的品牌标识，低自然性的品牌标识会让消费者感觉创造性更强，进而认为使用这类标识的品牌更符合刺激个性特征。

（3）不同自然性水平的品牌标识对品牌刺激个性感知差异化影响的边界条件

消费者通常不会单一地考虑品牌标识所提示的视觉信息，还会关注与品牌标识有关的产品，因为产品是品牌标识最重要的载体和呈现环境。根据本书的研究需要，我们基于产品原材料成分属性的差异，将产品分为自然（natural）成分产品和人造（man-made）成分产品（Rozin et al.，2004；Overvliet et al.，2010，2015；Gomez，2015）。自然成分产品主要传达产品的自然属性，通常是为了满足消费者亲近自然诉求的产品，如木制品、棉麻制品、纯植物精华的产品以及天然食品等（Rozin et al.，2004；Overvliet et al.，2010，2015；Gomez，2015）；人造成分产品主要传达产品的独特性和体验价值，通常是指为了满足消费者个性表达需求和独特性感官体验需求的产品，如自然属性较低的人造成分产品（加工品）、玻璃制品、家用电器、数码产品等（Rozin et al.，2004；Overvliet et al.，2010，2015；Gomez，2015）。

与自然成分产品强调无人为干预的诉求一致，高自然性的品牌标识追求的是尽可能表现自然形态的原形，二者都不希望有太多人造的成分，这与刺激个性品牌想要传播的时尚、活力、富有想象力以及现代感等特征并不是很匹配。人造成分产品应用范围越来越广泛，增加了消费者选择的多样性（Krista and Salvador，2011），而且琳琅满目的人造成分产品的出现，意味着生产工艺的革新和时代的发展潮流（Magnier，2016），这与低自然性的品牌标识追求创造性表达的精神更加一致。基于此，本书预计相对于自然成分产品，人造成分产品与低自然性的品牌标识的匹配会对品牌刺激个性的感知产生更积极的影响。

（4）品牌标识自然性与品牌刺激个性特征的匹配是否会对品牌资产产生积极的溢出效应

品牌资产是消费者因品牌识别而获得的对营销努力的差异化偏好和反应，可以通过消费者感知和财务估值来测量，其中，基于消费者要素的品牌资产侧重测量消费者对品牌的感知和态度，而基于财务要素的品牌资产是品牌在市场份额中的收益（Datta，Ailawadi and Van Heerde，2017）。营销领域的学者们大多从消费者层面来探讨品牌资产的评估，还有一部分学者进一步探讨了产品设计、品牌标识以及品牌个性等对基于财务要素的品牌资产的影响（Landwehr，Labroo and Herrmann，2011；Luffarelli，Mukesh and Mahmood，2019；Luffarelli，Stamatogiannakis and Yang，2019）。

品牌标识与品牌个性是两个关联度很大的变量（Luffarelli，Stamatogiannakis and Yang，2019），一方面，品牌标识的设计属性有助于消费者对品牌个性的解读；另一方面，品牌个性特征与所选取的品牌标识的设计特征相匹配时，才能将品牌标识以及品牌个性对品牌资产的影响最大化，即品牌元素之间更高水平的一致性可以带来更积极的消费者反应（Labroo，Dhar and Schwarz，2008；Luffarelli，Stamatogiannakis and Yang，2019）。在以往关于品牌标识与品牌感知一致性所带来的积极效应研究的基础上，本书预计品牌标识的自然性水平与品牌个性特征的匹配也会积极影响消费者对品牌的评价（基于消费者要素的品牌资产）。

更进一步地，当刺激个性特征的品牌选择低自然性的品牌标识而非高自然性的品牌标识时，可能会让消费者感觉品牌元素之间的一致性更高，从而得到消费者的选择性关注，如被考虑、被积极评价以及在购买时优先被选择（基于消费者要素的品牌资产）（Hoeffler and Keller，2003），这些积极的反应在一定程度上都有可能会促进品牌的财务表现（Mizik，2014；Mizik and Jacobson，2008，2009；Datta，Ailawadi and Van Heerde，2017）。因此，本书还预计相较于高自然性的品牌标识，低自然性的品牌标识对刺激个性定位品牌的财务估值能够产生更积极的溢出效应。

1.1.3 研究意义

本书期望通过对上述问题的验证和回答，可以让品牌管理者认识到，自然性水平（低 vs. 高）也是公司在选择、设计或更换品牌标识过程中的一个重要参考依据，从而为品牌标识视觉营销理论的研究提供新思路，并为品牌管理实践中品牌标识的选择、设计和修改提供充分的理论指导。因此，探讨品牌标识自然性对品牌刺激个性感知的影响以及品牌标识自然性与品牌刺激个性特征的匹配对品牌资产的溢出效应，不仅具有重要的理论价值，还具有十分关键的现实意义，具体如下：

（1）理论价值

首先，品牌标识相关文献中，在不同视觉元素和呈现方式对消费者的记忆、联想、认知和行为方面已经有了比较丰富的研究，但是对品牌标识自然性这种低层次视觉呈现方式如何影响消费者的品牌个性感知这一问题却鲜有涉及。本书以品牌标识作为主要的研究对象，从自然性的视角探究了其对品牌个性感知的差异化影响，补充了现有关于品牌标识视觉呈现方式对消费者影响的研究，是对品牌标识视觉营销理论的拓展和创新。

其次，现有的关于品牌标识的研究大多是从产品评价和购买意愿的视角来探究其具体的影响机制，而品牌个性也是品牌管理者在选择品牌标识过程中不得不考虑的一个重要因素。作为品牌的官方视觉表达，只有合适的品牌标识才能准确传达出所属品牌的个性特征。因此，本书尝试考察了不同自然性水平（低自然性

vs. 高自然性）的品牌标识对品牌个性感知的差异化影响，为品牌个性的理论研究提供了新的思路。

再次，以往关于品牌标识对品牌个性感知影响的研究大多聚焦于消费者层面的因素，而忽视了产品层面的因素。产品是品牌标识的重要载体，与产品类型相匹配的品牌标识类型才会更好地提高消费者对品牌标识视觉加工的流畅性，进而对品牌个性感知产生更积极的影响。因此，本书还探究了产品类型（自然成分产品 vs. 人造成分产品）与品牌标识类型（低 vs. 高）的匹配对品牌个性感知的影响，进一步为品牌标识视觉低自然性效应的应用指明了方向。

最后，现有的关于品牌标识视觉设计和品牌个性对品牌资产影响的研究从多个方面进行了充分的论证。值得注意的是，目前很少有研究考察品牌标识、品牌个性以及品牌资产这三个变量的整体关系，忽视了品牌标识与品牌个性的匹配对品牌资产的影响。然而，当品牌个性特征与所选取的品牌标识的视觉设计特征相匹配时，才能将品牌标识以及品牌个性对品牌资产的影响最大化。因此，本书通过探究品牌标识自然性与品牌刺激个性特征的匹配对品牌资产的影响及其内在机制，进一步丰富了品牌资产的相关文献研究。

（2）实践意义

从营销实践来看，如何根据自身需要来选择、设计或更换适合的品牌标识，一直是品牌管理者面临的难题和营销学领域研究的重点。尽管学者们从不同的角度对此进行了探讨，品牌管理者也尝试依据相关理论付诸实践，并取得了一定的成效，但是，基于自然性这种低层次的视觉呈现方式来选择适合自身品牌个性的品牌标识也是一条切实可行的实践路径。

本书的研究结论可以帮助品牌管理者更好地理解不同自然性水平的品牌标识主要有哪些表现形式，这些不同表现形式（低自然性 vs. 高自然性）的品牌标识对品牌刺激个性特征有何差异化的影响，低自然性的品牌标识与刺激个性的品牌相匹配时对品牌资产有何影响。具体来说，（1）如果品牌的个性定位是刺激个性，则品牌应该优先考虑使用低自然性的品牌标识；（2）人造成分产品的品牌应该优先考虑使用低自然性的品牌标识；（3）品牌个性定位与品牌标识自然性水平相匹配时会产生积极的溢出效应，即更有利于消费者对品牌的评价以及市场对品牌的财务估值（品牌资产）；（4）如果品牌标识自然性水平与其品牌个性特征不匹配，品牌管理者应该考虑修改或重新设计品牌标识。

1.2　研究思路、框架和方法

1.2.1　研究思路

品牌标识的选择、设计和修改问题，历来都是营销学领域关注和研究的重点，但已有研究忽略了自然性这种低层次的品牌标识视觉呈现方式对消费者认知和行为反应的影响。鉴于品牌个性在品牌标识选择、设计和修改过程中的重要性，本书拟将品牌标识视觉呈现的自然性作为切入点，基于视觉意象理论、图式理论以及感知一致性理论，通过两个研究来深入探讨：（1）品牌标识自然性对品牌刺激个性感知的差异化影响；（2）品牌标识自然性与品牌刺激个性的匹配对品牌资产的影响（见图 1-1）。

首先，研究 1a 关注的主要问题是，不同自然性水平（低自然性 vs. 高自然性）的品牌标识对品牌刺激个性感知的影响有什么差异？为了解答这一问题，研究 1a 以真实品牌为例，通过实验 1 来尝试论证不同自然性水平（低自然性 vs. 高自然性）的品牌标识是否会引发差异化的品牌刺激个性特征的视觉意象。

其次，研究 1b 关注的主要问题是，不同自然性水平（低自然性 vs. 高自然性）的品牌标识对品牌刺激个性感知的影响为什么会存在明显的差异？为了解答这一问题，研究 1b 共设计了两个实验进行论证。其中，实验 2 测量了消费者对不同自然性水平（低自然性 vs. 高自然性）的品牌标识在创造性这一维度上的视觉感受差异，并通过系统的中介效应检验程序来检验品牌标识创造性感知作为中介机制的合理性。此外，实验 3 的设计主要是为了排除品牌标识与品牌产品之间相关性（低 vs. 高）的干扰。一般来说，消费者很难将与品牌产品相关性较低的品牌标识与一个具体的品牌进行联系，但是，现实中确实有很多品牌会选择与自身品牌产品相关性并不是太高的品牌标识。为了证实品牌标识视觉低自然性效应的普适性，研究 1b 还实施了实验 3，选取了一组与品牌产品相关性较低的品牌标识，来分析实验 3 的结论是否会重复实验 2 的结果。总之，研究 1b 通过两个实验试图证实品牌标识创造性感知作为中介机制的合理性，进一步为品牌管理者如

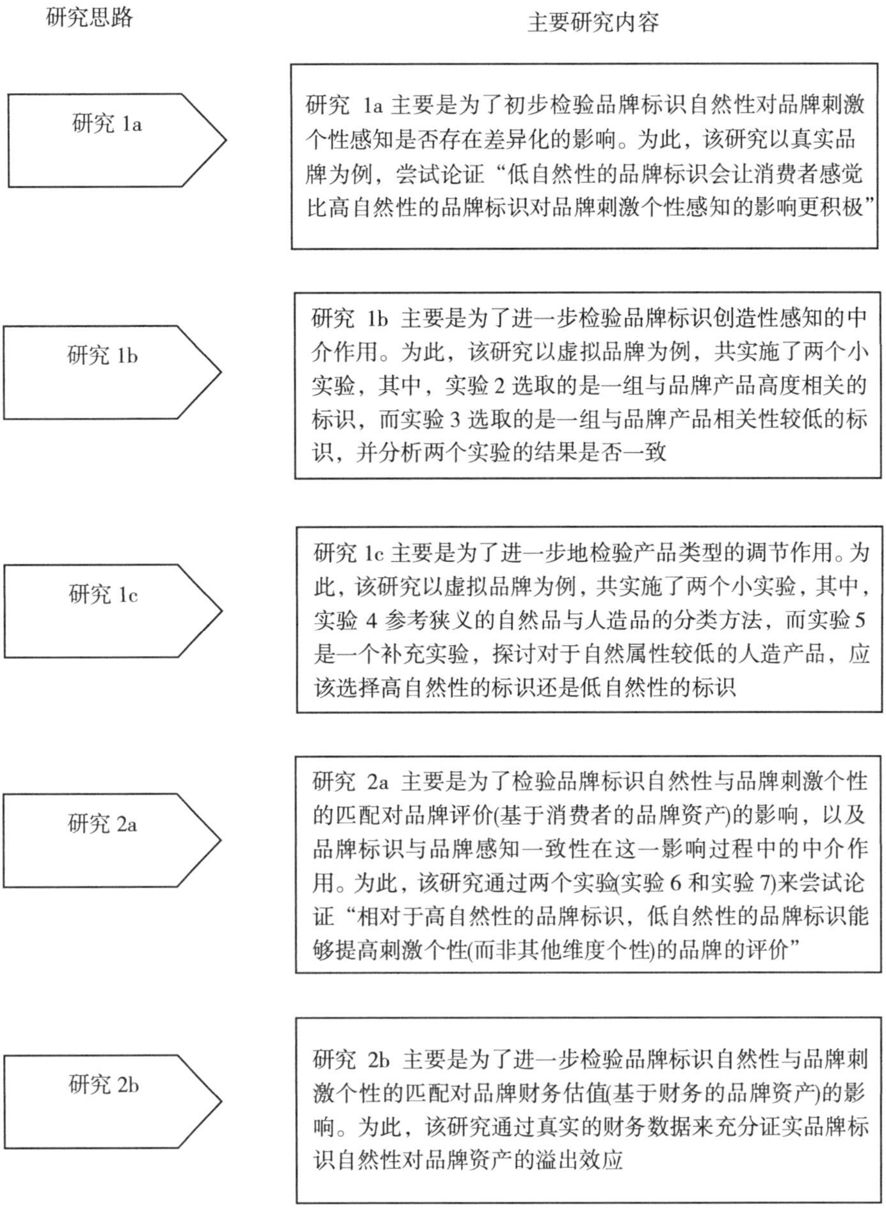

研究思路   主要研究内容

研究 1a

研究 1a 主要是为了初步检验品牌标识自然性对品牌刺激个性感知是否存在差异化的影响。为此，该研究以真实品牌为例，尝试论证"低自然性的品牌标识会让消费者感觉比高自然性的品牌标识对品牌刺激个性感知的影响更积极"

研究 1b

研究 1b 主要是为了进一步检验品牌标识创造性感知的中介作用。为此，该研究以虚拟品牌为例，共实施了两个小实验，其中，实验 2 选取的是一组与品牌产品高度相关的标识，而实验 3 选取的是一组与品牌产品相关性较低的标识，并分析两个实验的结果是否一致

研究 1c

研究 1c 主要是为了进一步地检验产品类型的调节作用。为此，该研究以虚拟品牌为例，共实施了两个小实验，其中，实验 4 参考狭义的自然品与人造品的分类方法，而实验 5 是一个补充实验，探讨对于自然属性较低的人造产品，应该选择高自然性的标识还是低自然性的标识

研究 2a

研究 2a 主要是为了检验品牌标识自然性与品牌刺激个性的匹配对品牌评价(基于消费者的品牌资产)的影响，以及品牌标识与品牌感知一致性在这一影响过程中的中介作用。为此，该研究通过两个实验(实验 6 和实验 7)来尝试论证"相对于高自然性的品牌标识，低自然性的品牌标识能够提高刺激个性(而非其他维度个性)的品牌的评价"

研究 2b

研究 2b 主要是为了进一步检验品牌标识自然性与品牌刺激个性的匹配对品牌财务估值(基于财务的品牌资产)的影响。为此，该研究通过真实的财务数据来充分证实品牌标识自然性对品牌资产的溢出效应

图 1-1 本书的研究思路

何根据自身品牌个性定位来选择适当自然性水平的品牌标识提供充分的理论依据。

接着，研究 1c 关注的主要问题是，不同自然性水平的品牌标识对品牌刺激个性感知差异化影响的边界条件是什么？产品是品牌标识最重要的载体，但是研究 1a 中选择的品牌并没有实体产品，研究 1b 中选择的品牌的产品属于自然成分较高的乳制品，那么在人造成分产品的情景下，品牌标识视觉低自然性效应是否依然成立呢？为了解答这一问题，研究 1c 共实施了两个实验。其中，实验 4 从狭义的自然成分产品与人造成分产品分类方法入手，试图探讨品牌标识类型（低自然性 vs. 高自然性）与产品类型（自然成分产品 vs. 人造成分产品）的匹配对品牌刺激个性感知的影响。此外，实验 5 从广义的自然成分产品与人造成分产品分类方法入手，进一步证实品牌标识视觉低自然性效应的有效性。总之，研究 1c 通过两个实验试图检验产品类型（自然成分产品 vs. 人造成分产品）的调节作用，启发品牌管理者在根据自身品牌个性定位来选择适当自然性水平（低自然性 vs. 高自然性）的品牌标识时还应该考虑到产品的成分属性。

然后，研究 2a 关注的主要问题是，品牌标识自然性与品牌刺激个性的匹配是否会对品牌评价产生积极影响以及这一影响背后的机制是什么？为此，该研究通过两个实验（实验 6 和实验 7）分别对不同维度的品牌个性进行操控，充分论证品牌标识的低自然性能够积极影响刺激个性而非其他维度的个性定位的品牌的评价（基于消费者要素的品牌资产），以及品牌标识与品牌感知一致性在这一影响过程中的中介作用。

最后，研究 2b 关注的主要问题是，品牌标识自然性与品牌刺激个性的匹配是否会对品牌的财务估值产生积极影响？为此，该研究通过分析真实的品牌财务数据，来证实低自然性的品牌标识与刺激个性品牌的匹配对品牌市场财务估值（基于财务要素的品牌资产）会产生积极的溢出效应，而且消费者对市场上真实品牌的评价（基于消费者要素的品牌资产）在这一效应中起中介作用。

1.2.2　研究框架

本书的研究包括绪论、文献综述、相关理论基础、研究一、研究二以及总体结论共六章。具体内容如下：

第一章是绪论。首先，介绍了本书的研究背景，并依据此背景中品牌标识的选择、设计和修改面临的困惑提出了本书的研究问题；然后，指出本书研究的理论价值和实践意义；最后，简要地概述了本书的研究思路、框架和方法。

第二章是文献综述。主要是对本书相关构念进行了详细的文献梳理和评述，试图明确本书的研究问题。首先，我们对品牌标识的内涵、分类、设计要求、呈现方式及其对消费者的影响进行了系统梳理，发现以往研究更多地聚焦高层次的视觉呈现方式对消费者感知和态度的影响而忽视自然性这种低层次的视觉呈现方式对消费者感知和态度的影响。其次，我们对视觉自然性的内涵、前置因素和影响结果进行了系统的梳理，发现以往研究更多地重视高自然性视觉设计的优势而忽视不同自然性水平（低自然性 vs. 高自然性）对消费者视觉加工方式的差异化影响及对品牌认知和态度的差异化影响。再次，我们对品牌个性的内涵、维度、历史研究脉络和前因后果进行了系统的梳理，发现以往研究更多地关注消费者层面的因素而不是产品层面的因素对品牌个性的影响。最后，我们对品牌资产的内涵、维度以及影响因素进行了详细的整理，发现很少有研究考察品牌标识、品牌个性以及品牌资产这三个变量的整体关系以及不同类型的品牌资产之间的相互关系。总之，本章通过系统的文献梳理理清了本书的研究问题。

第三章是相关理论基础。主要是基于模型构建的视角，寻找适合解决本书研究问题的相关理论，并对视觉意象理论、图式理论以及感知一致性理论进行了详细的整理，为后续章节中的理论推演和假设提出提供充实的理论依据。

第四章是研究一。在上述文献回顾和理论梳理的基础上对品牌标识自然性如何影响品牌刺激个性感知及其解释机制与边界条件进行了理论推演和假设检验。

第五章是研究二。研究二主要分为两个部分，其中，研究 2a 重点探讨品牌标识自然性与品牌个性的匹配对品牌评价（基于消费者要素的品牌资产）的影响；研究 2b 旨在论证品牌标识自然性与品牌刺激个性的匹配对品牌市场财务估值（基于财务要素的品牌资产）的影响。

第六章是总体结论。主要是根据研究一和研究二的实证分析结果，来对本书的研究问题解答情况进行总结和讨论，并阐述本书的理论贡献和营销实践启示，同时指出本书研究的局限性和未来可能的研究方向。

本书的研究框架如图 1-2 所示：

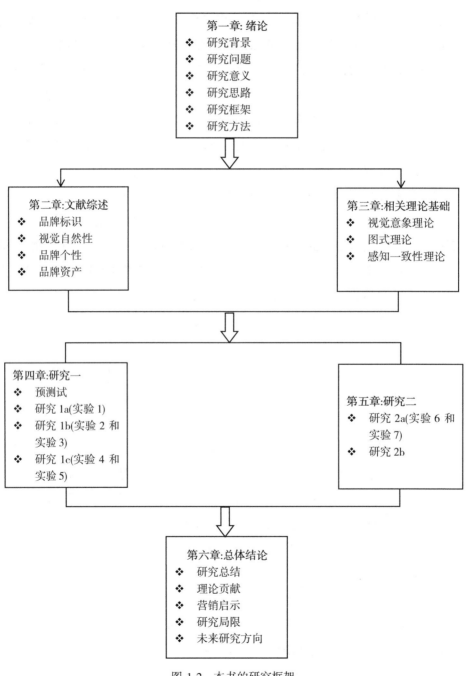

图 1-2　本书的研究框架

1.2.3 研究方法

本书的研究主要采取了规范研究和实证研究这两种研究方法，具体如下：

首先，在规范研究中，本书通过对品牌标识、视觉自然性、品牌个性以及品牌资产等相关文献的梳理和评述，明确了本书的研究问题，寻找了视觉意象理论、图式理论以及感知一致性理论作为本书研究的理论支撑，并在此基础上进行了理论推演和提出假设。这种规范研究可以帮助我们了解以往学者们对品牌标识、视觉自然性、品牌个性以及品牌资产的研究现状，从而找到可能的研究空缺，进而确定本书的研究主题，并为后续的实证研究奠定扎实的理论基础。

其次，为了验证研究一提出的相关假设，我们在实证研究部分，实施了三个研究：（1）为了检验品牌标识自然性对品牌刺激个性感知差异化影响的主效应，研究 1a 主要采取了情景实验的方法，并使用统计软件 SPSS23.0 对搜集来的实验数据进行了系统的统计分析，还对研究结果进行了细致的讨论，这些工作为假设 1 的成立提供了充分的数据支持；（2）为了检验品牌标识创造性感知的中介作用，同样地，研究 1b 也采取了情景实验的方法，并用统计软件 SPSS23.0 对搜集来的实验数据进行了系统的统计分析，还对研究结果进行了细致的讨论，这些工作为假设 2 的成立提供了充分的数据支持，而且研究 1b 还在不同的实验部分更换了研究的情景和实验刺激材料，不仅实现了理论假设的预期，而且进一步提高了本书的外部效度；（3）为了检验产品类型在品牌标识自然性对品牌刺激个性感知影响过程中的调节作用，研究 1c 同样采用了情景实验方法，并使用统计软件 SPSS23.0 对搜集来的实验数据进行了系统的统计分析，还对研究结果进行了细致的讨论，这些工作为假设 3 的成立提供了充分的数据支持。

最后，为了检验研究二提出的相关假设，我们在实证研究部分，实施了两个研究：（1）为了检验品牌标识自然性与品牌刺激个性的匹配对品牌评价（基于消费者要素的品牌资产）的影响以及品牌标识与品牌感知一致性在这一影响过程中的中介作用，研究 2a 主要采取了情景实验的方法，并使用统计软件 SPSS23.0 对搜集来的实验数据进行了系统的统计分析，还对研究结果进行了细致的讨论，这些工作为假设 4a 和假设 4b 提供了充分的数据支持；（2）为了进一步检验品牌标识自然性与品牌刺激个性的匹配对品牌财务估值（基于财务要素的品牌资产）的积极溢出效应，研究 2b 采集了知名的品牌咨询机构 Interbrand 和 Y&R 发布的品牌财务估值、品牌评价以及品牌个性等相关数据，并进行了科学的分析和讨论，这些工作为假设 5a 和假设 5b 的成立提供了充分的数据支持。

2　文　献　综　述

根据上述研究思路，本章主要是对研究问题涉及的相关文献进行梳理和评述，试图明确本书的研究问题。具体来说，本章主要是对品牌标识、视觉自然性、品牌个性以及品牌资产的相关文献进行了综述。首先本章的第一节主要是围绕品牌标识的相关研究进行了文献梳理和评述，通过对该领域的历史研究逻辑的综述逐步引入本书的研究主题，即全面地分析了品牌标识各个视觉元素对消费者的影响及其内在机制。本章的第二节主要是对视觉自然性的内涵、影响因素和影响结果进行详细的整理，并对现有文献进行了客观的评述。本章的第三节主要是回顾品牌个性相关文献。首先，我们整理了品牌个性的内涵及其维度，接下来系统地梳理了品牌个性的前因后果，最后，对品牌个性在消费者行为领域的研究进行了汇总。本章第四节主要是对品牌资产的内涵与维度，以及影响因素等相关文献进行了整理和分析。

2.1　品牌标识相关文献综述

本节试图对品牌标识相关文献进行系统的梳理和客观的评述。具体来说，本节按照品牌标识的研究领域分成三个部分。首先，对品牌标识内涵和分类相关文献进行了整理，主要是分析学者们如何界定品牌标识，以及品牌标识的类别。其次，从不同的研究视角整理了品牌标识对消费者影响的相关文献，在这一部分主要分析品牌标识的颜色、形状、字体以及不同视觉呈现方式对消费者的影响。最后，本节系统地梳理了品牌标识对消费者的影响机制，主要分析情感唤醒、加工方式、概念隐喻以及具身认知等如何作用于品牌标识对消费者态度和行为的影响。

2.1.1 品牌标识的内涵和分类

（1）品牌标识的内涵

品牌标识有可能会出现在商品标签、展销物、广告、员工制服以及公司名片上，它是品牌的重要组成部分。Scheckter（1993）将品牌标识定义为公司或品牌的官方视觉表达，Henderson 和 Cote（1998）则将品牌标识定义为一家公司使用的包含名称或者不包含名称的平面图形设计，用来区分公司本身或者其产品和服务。品牌标识是激发消费者关于品牌联想的宝库，有效的品牌标识能够帮助消费者快速地识别品牌产品或服务，是品牌对外承诺的一种象征（Mest, 2015）。例如，Apple 公司的被咬了一口的苹果品牌标识，虽然是一种无言的交流，却传递出全球消费者都认可的品质信息。因此，好的品牌标识能使消费者在体验产品或服务的同时，表达对品牌的认同（王海忠等, 2012；Girard et al. , 2017）。

（2）品牌标识的分类

品牌标识是一个多维的概念，它主要包括以下几个维度：颜色、形状、字体以及图形等。从表面特征来看，可以根据品牌标识设计要素对其进行分类：图形类、文字类以及图文结合类（Pittard et al. , 2007）。图形类品牌标识主要是使用动物、植物以及日常生活物品或各种活动的图形样式，通常具有一定的象征意义，而且图形类品牌标识比较直观，更容易识别和记忆。文字类品牌标识包括字母、数字、汉字或者这几个元素的组合，它比图形类品牌标识更为简单大气。图文结合类品牌标识的应用范围较为广泛，图文并茂的展现方式更为丰富多彩、寓意完整立体，降低了消费者理解的难度，使得消费者更容易接受这类品牌标识。本书研究的对象是图形类品牌标识和图文结合类品牌标识的图形视觉呈现方式对消费者认知和态度的影响。

2.1.2 品牌标识的设计要求

一个好的品牌标识应该是可识别的和熟悉的，而且具有在目标市场上引起消费者一致认可的意义，并能够唤起消费者的积极情感（Henderson and Cote, 1998）。接下来，本书详细地分析这些良好的品牌标识的设计目标，并通过表 2-1

对这些要求进行了详细的说明和举例。

首先，品牌标识应该有助于消费者对公司或品牌的识别（Morrow，1992；Luo，1993）。这体现在两个方面：消费者能够记住看到的品牌标识（即正确的识别）；并且品牌标识能够唤醒消费者对品牌或公司的联想，这在很大程度上取决于品牌标识的设计特征，例如，在同等曝光的情况下，一个更令人难忘的品牌标识设计比一个不那么令人难忘的品牌标识设计更容易被认可。其次，积极的情感反应是品牌标识视觉设计成功的关键。消费者对品牌标识的情感可以转移到该品牌的产品或公司（Schechter，1993），情感转移的程度取决于情感的性质（积极或消极），情感反应越强烈，品牌标识与产品或公司的联系越密切；而且情感因素包括好的、喜欢的、有质量的、有趣的和独特的等维度。再次，品牌标识应该很容易地在消费者之间唤起一致的意义（Vartorella，1990），Keller（1993）同样认为营销刺激应该传达一个很难误解的明确信息。最后，品牌标识应该传递一种熟悉的感觉（Jacoby and Dallas，1981），即使消费者以前从未见过它，这种熟悉感也会有助于消费者对品牌标识信息的加工和认知。

表 2-1   **品牌标识的设计要求**

要　求	高	低
正确的识别发生在消费者能够认识和记住他们所看到的品牌标识时（Morrow，1992）		
当消费者看见这个品牌标识，而实际上他们并没有记住时，就会发生错误的识别（Luo，1993）		
情感简单地说是指一个品牌标识所产生的评价性情感反应，它包括好的、喜欢的、有质量的、有趣的和独特的等维度（Schechter，1993）		

续表

要　求	高	低
熟悉的意思是指在一种文化或亚文化中很容易唤起消费者一致的熟悉感的品牌标识（Jacoby and Dallas，1981）		

　　资料来源：Henderson，P. W.，Cote，J. A. Guidelines for selecting or modifying logos ［J］. Journal of Marketing，1998，62（2）：14-30.

2.1.3　品牌标识的视觉呈现方式

　　在 Henderson 和 Cote（1998）研究的基础上，本书对品牌标识的视觉呈现方式进行了整理，主要包括六大类（见表 2-2），并且每一类呈现方式又包含一些子维度，具体如下：

表 2-2　　　　　　　　　　**品牌标识的视觉呈现方式**

呈现方式		高	低
• 自然	自然性反映了品牌标识的图案对客观自然物象原形的描绘程度		
• 和谐	和谐是一种基于格式塔观点的良好设计，由平衡和对称组成		
平衡	平衡的设计一般是对称的，反之未必成立		
对称	对称性是指一个或多个轴对称设计		

呈现方式		高	低
• 精心 复杂性	精心不是简单的错综复杂，而是抓住了设计的丰富性和用简单线条捕捉事物本质的能力许多不同的设计特性，如元素不均匀排列以及华丽程度都会导致复杂性		
流动性	大多采用具有运动感的箭头		
景深性	景深是一种透视或者三维设计的形式		
• 平行	平行设计包含相邻的互相平行的线或其他元素		
• 重复	当设计的各个部分彼此相似或相同时，就会发生元素的重复		
• 比例	比例是水平和垂直尺寸之间的关系		

资料来源：Henderson, P. W., Cote, J. A. Guidelines for selecting or modifying logos [J]. Journal of Marketing, 1998, 62（2）: 14-30.

首先，品牌标识自然性反映了品牌标识图形对客观自然物象的描绘程度（Henderson and Cote, 1998），程度越高，品牌标识自然性越高；程度越低，品牌标识自然性越低。高自然性与其极端对立面——低自然性的主要区别在于对现实的表现程度（Keller，1993），当品牌标识图形是对某一对象的忠实性再现时，品牌标识是高自然性的；当品牌标识图形是对某一对象的本质特征的提炼和概括时，品牌标识是低自然性的。

其次，品牌标识的和谐性是指品牌标识图形是基于格式塔心理学的观点进行的设计，主要包括平衡和对称（Henderson and Cote，1998）。理论上，平衡的品牌标识一般都是对称的，而反之未必成立，因为对称的品牌标识不一定需要平衡（Phillips，1978）。

再次，品牌标识的精心性是指品牌标识图形设计的丰富程度，主要包括复杂性、流动性以及景深性（Henderson and Cote，1998）。其中，复杂性体现了品牌标识的华丽程度，流动性体现了品牌标识的运动感，景深性体现了品牌标识的透视感。

最后，平行、重复以及比例也是品牌标识的视觉呈现方式（Henderson and Cote，1998）。其中，平行是指品牌标识由一些相邻的互相平行的线或其他元素组成，重复是指品牌标识由一些相似或相同的元素组成，比例是指品牌标识的水平与垂直尺寸的关系，如具有黄金比例设计特征的品牌标识（Schmitt et al.，1995）。

自然性、和谐性以及精心性是品牌标识三个最主要的视觉呈现方式（Henderson et al.，2003），这三个维度基本满足了一个好品牌标识的设计要求。自然性更高的品牌标识意味着一个品牌标识更加具象而非抽象，以及更加具有有机性而非几何性（Keller，1993），更可能在共同的文化中得到普遍的理解，从而在联想中唤起共识。同样，和谐的（对称或平衡）品牌标识更容易让消费者理解到所表达对象的意义（Phillips，1978），尤其是对具有和谐文化的国家的消费者而言，这类品牌标识更具有识别价值。而精心的设计很容易激发消费者的情感（Schmitt，1995），促进消费者对品牌质量的感知。总之，这三个维度的品牌标识视觉呈现方式的效果在很大程度上是比较一致的。和谐性和精心性属于品牌标识设计的高层次呈现方式，目前学者们对此已经展开了丰富的研究。而自然性作为一种低层次设计的呈现方式，并未受到足够的关注。

2.1.4 品牌标识对消费者的影响

以往学者们主要基于不同的视觉元素及其呈现方式，如字体（Kraus and Gierl，

2017）、颜色（Sundar and Kellaris，2017）、形状（Jiang et al.，2016；钟科和王海忠，2015；王海忠等，2017；江红艳等，2018）、复杂性（Van and Das，2016）以及边框（Fajardo et al.，2016；景奉杰等，2019）等来探讨品牌标识对消费者产品评价、购买意愿以及品牌态度等认知和行为反应的影响，具体内容如下：

（1）品牌标识颜色对消费者的影响

色彩是视觉营销文献中的一个重要变量，与精心挑选的品牌名称一样，品牌标识的颜色也具有重要的含义，可以帮助消费者对品牌进行有效的识别（Bottomley and Doyle，2006；Gorn et al.，1997，1999，2004）。如果消费者遇见一个全新品牌的标识，在记忆中不存在相关的品牌联想，由此产生的认知主要是基于颜色的参考意义激活联想，这种情况下消费者对品牌的感知主要取决于品牌标识的颜色线索。但是，当消费者遇到一个熟悉的品牌标识时，颜色和品牌印象都会被激活，共同影响消费者对品牌的感知（Sundar and Kellaris，2017）。更具体地，绿色的品牌标识可以让消费者感觉该品牌更加关注环保和拥有较高的社会责任感（Sundar and Kellaris，2017），而红色的品牌标识可能会让消费者感觉品牌比较时尚和新潮，蓝色的品牌标识会让消费者感觉一个品牌更加具有能力（Labrecque and Milne，2012）。

（2）品牌标识形状对消费者的影响

不同形状的品牌标识代表了消费者的差异化需求，例如，圆形代表归属感，方形代表独特性，前者对集体型的个体更具有吸引力，后者对独立型的个体更具有吸引力（Zhu and Argo，2013）。类似地，钟科和王海忠（2015）发现长方形的品牌标识较大的长宽比会让消费者感觉品牌的时间属性相对较长，因此，对时间属性较为重要的产品而言，长方形的品牌标识要比正方形的品牌标识带来更积极的品牌评价；相反，对时间属性并不是很重要的产品而言，长方形的品牌标识依然能够带来品牌的拉伸效应，但是，在此情景下，长方形的品牌标识和正方形的品牌标识对消费者的品牌评价的影响并没有显著的差异。

（3）品牌标识字体对消费者的影响

在不完整的品牌标识中，公司名称中的部分文字被故意遗漏，容易让消费者产生一种模糊知觉，这种模糊感可能会对消费者关于品牌可靠性感知产生消极影响，但是对消费者关于品牌的创新性感知有积极影响；前者的影响与消费者对品牌标识的清晰度感知有关，而后者的影响与消费者对品牌标识的趣味性感知有关（Hagtvedt，2011）。类似地，倾斜的品牌标识会让消费者感觉到更快的速度，进而认为品牌更具有效率和创新性；而端正的品牌标识会让消费者感觉品牌标识更具有稳定性，进而认为品牌更可靠和具有安全感；此外，消费者可能会认为现代品牌与倾斜的文字品牌标识更匹配，而传统品牌可能与端正的品牌标识更匹配（魏华和汪涛，2018）。

（4）品牌标识的视觉呈现方式对消费者的影响

视觉设计的呈现方式会影响消费者的认知和行为反应，在营销沟通和品牌标识或产品的审美反应中起到十分重要的作用，根据 Henderson 和 Cote（1998）的研究，复杂性、自然性、动态性、对称性、平衡性以及力量感都是品牌标识的基本呈现方式，接下来我们将依次探讨这些不同类型的品牌标识的视觉呈现方式对消费者态度和行为的影响。

随着时间的推移，复杂的品牌标识比简单的品牌标识能够更快地被消费者识别，因为复杂的刺激具有更多的唤醒功能（Van and Das，2016）。熟悉和具有公认意义的高自然性的品牌标识在正确识别方面更有效，而且比低自然性的品牌标识更容易激发消费者的积极情感（Henderson and Cote，1998）。此外，静态视觉可以唤起消费者对运动的感知（即动态意象），因此，动态感较强的品牌标识可以增加消费者的参与感，从而有利于提升消费者对品牌的态度（Cian，Krishna and Elder，2014）。另外，根据消费者自我和谐和溢出效应等理论，当品牌标识联想与消费者的自我构念相一致时，会对消费者的品牌标识偏好产生积极的影响，因此，消费者更倾向于将不对称而不是对称的品牌标识与刺激个性的品牌联系起来（Bettels and Wiedmann，2019）。

（5）其他品牌标识视觉元素对消费者的影响

还有一些其他比较细化的视觉元素可能会影响消费者的认知和行为反应。例如，看到不稳定的品牌标识会导致消费者产生不安全的推测，一方面，产品或品牌的不安全感会降低其效用感知；另一方面，对环境的不安全推测会增强安全类产品的效应感知（Rahinel and Nelson，2016）。另外，品牌标识框架能将目标对象与周围环境隔离出来，使消费者产生保护或限制的联想（Fajardo，Zhang and Tsiros，2016），当周边环境因素呈负面时，这种隔离是比较好的，此时框架会激发消费者关于保护的联想，如果个体更关注基本安全需求时，与保护有关的联想更加显著；当周边因素呈正面时，这种隔离会让消费者联想到限制，如果个体更需要自由或自我表达时，对限制的联想更加显著。此外，还有学者发现品牌标识的位置也会影响消费者的判断，如品牌标识位置高低会影响产品的重量感知（Deng and Kahn，2009）。

2.1.5　品牌标识对消费者影响的解释机制

通过回顾品牌标识对消费者影响的研究，我们发现，不同类型的视觉元素可能会对消费者的态度及行为产生不同的影响，但是这些品牌标识的视觉元素是如何影响消费者的，我们并不是很清楚。因此，接下来本书将分析品牌标识对消费者影响的不同解释机制，如情感唤醒、加工方式、概念隐喻以及具身认知等。

（1）情感唤醒

品牌标识的颜色会唤醒消费者的情感，其中，红色的品牌标识可以引发较高的唤醒，这种高水平的唤醒不仅会调动消费者的兴奋感和活跃度，还有可能导致消费者负面情绪的产生，容易促使消费者的紧张感和被侵略性等（Sundar and Kellaris，2017）。而蓝色的品牌标识则可以引发较低的唤醒，这种低水平的唤醒更多地使得消费者感到平静、惬意和放松（Labrecque，2013）。另外，品牌标识对消费者的影响可能会随着购物环境以及消费者的建构水平的不同而有所差异（Lee et al.，2016），且受消费者的主观能动性影响较大。

（2）加工方式

品牌标识还可能通过认知加工方式来影响消费者的态度和行为。例如，品牌标识的重复曝光可以增加消费者感知的流畅性，进而促进他们对品牌标识信息加工的流畅性（Shapiro and Nielsen，2013）。具体来说，消费者对品牌标识位置变化会存在两种信息加工方式，当品牌标识的位置变化时，会引起消费者的启发式加工方式，而消费者对没有位置变化的品牌标识更多的是采取精细化加工方式。因此，相对没有变化的品牌标识，消费者分配给品牌标识位置发生变化的品牌的加工资源会更多，导致更积极的品牌标识评价。

（3）概念隐喻

消费者通常会基于概念隐喻来形成对品牌标识的认知，进而影响其对品牌的评价。隐喻的本质是用另一种事物来理解和体验当前的事物（Lakoff and Johnson，1980，1999；Landau，Meier and Keefer，2010），主要来源于消费者的自然性经验。消费者之所以能更快地理解隐喻性陈述，是因为隐喻随着时间的推移会强化某种关系（Tourangeau and Sternberg，1982）。例如，较高的位置可以代表良好（Meier and Robinson，2006）、幸福（Meier and Robinson，2004）、地位（Lakoff and Johnson，1980）、道德（Meier，Sellborne and Wygant，2007）等。此外，较高的位置还可以代表权力，当品牌标识位于产品包装的较高位置时，消费者更偏好强势品牌，进而会增加产品的购买意愿；相反，当品牌标识位于产品包装的较低位置时，消费者更偏好弱势品牌，进而也会增加产品的购买意愿（Sundar and Noseworthy，2014）。

（4）具身认知

此外，品牌标识对消费者影响的认知机制还包括具身认知。具身认知是个体感知和身体体验的结合（Barsalou，1999；Williams，Huang and Bargh，2009），与概念隐喻理论中消费者对品牌标识的看法不一定需要切身的身体体验不同，具身认知需要通过隐喻和身体体验的同时进行来形成语义的映射（Landau et al.，2010）。例如，端正或倾斜就是消费者的一种身体体验，这些体验可能会与速度知觉联系在一起，因为倾斜通常是由于动态感的存在，因此，相对端正的品牌标识，倾斜的品牌标识可能会让消费者感觉速度更快，进而会认为品牌更具有效率和拥有较强的创新能力（魏华和汪涛等，2018）。

2.1.6 文献评述

本节对品牌标识相关文献进行了系统的梳理，基于品牌标识的不同视觉元素分别探讨了品牌标识的颜色、形状、字体以及不同视觉呈现方式对消费者的态度和行为的影响，并分析了这些影响可能存在的解释机制，如情感唤醒、加工方式、概念隐喻以及具身认知等。总的来说，有关品牌标识在消费者行为领域的研究主要是注重品牌标识的高层次视觉呈现方式，忽视了品牌标识的低层次视觉呈现方式。

在现有的关于品牌标识的视觉呈现方式的文献中，学者们对精心与和谐等高层次的设计元素展开了丰富的研究，如品牌标识的复杂性、对称性、动态性以及稳定性等对消费者认知和行为的影响。这些高层次的视觉呈现方式对品牌标识来说的确非常重要，但是，作为一种低层次的设计特征，品牌标识自然性理应受到更多的关注。在营销实践中，品牌管理者也越来越重视品牌标识自然性的影响。因此，本书认为我们急需理清品牌标识自然性对消费者的态度和行为有何具体的差异化影响。

2.2 视觉自然性相关文献综述

上一节中本书简要地概述了品牌标识视觉设计的自然性呈现方式，但是我们并不清楚视觉自然性的前因后果，本节将对视觉自然性的相关研究进行系统梳理。具体来说，本节首先基于现有的文献研究对视觉自然性的内涵做了深入和清晰的界定，接着本节列举了视觉自然性的影响因素，然后全面梳理了视觉自然性的影响结果，最后重点评述了现有文献中视觉自然性的研究特点。

2.2.1 视觉自然性的内涵

自然性反映了视觉对象对客观自然物象的描绘程度，它强调事物在形式、功能或行为上与自然条件和规律的一致性，通常表现为保持本真和朴素，没有人为的修饰或干预（Henderson and Cote，1998；Orth and Malkewitz，2008）。依据程度的高低，自然性可以分为高自然性的表现形式和低自然性的表现形式（Henderson and Cote，1998）。高自然性视觉呈现方式是一个产生原始的内容或对象的过程，这种表现形式严格来说是未经过提炼加工的自然物象的原形，是对自然物象进行忠实的再现和模仿，基本描绘了物象外表的真实情况（Landry，1998；Henderson and Cote，1998）。低自然性视觉呈现方式是在对自然物象特征提炼和概括的基础上，创造出反映物象内在本质的观念符号，使消费者很难直接辨别物象的原始特征和意义（Joana et al.，2015；Wang et al.，2017）。理论上，描绘敏感世界的人物、地点、动物、植物以及其他常见物体的高自然性的视觉呈现方式更容易识别（Henderson and Cote，1998；Lencastre，1997；Hynes，2009；van Riel and van den Ban，2001），而且消费者对这类视觉呈现方式的认知只需要较低的努力，而对低自然性的视觉呈现方式的认知可能相对较差（Seifert，1992）。

2.2.2 视觉自然性的前置因素

(1) 消费者个性因素

消费者个性主要包括五个维度，即开放性、尽责性、外向性、随和性和冒险性 (Costa and McCrae, 1992)，所有五个维度的特征相互作用并结合在一起，从而产生个体差异。学者们基于消费者个性的差异探讨了消费者个性与视觉自然性偏好的关系，发现尽责性及随和性与高自然性的视觉呈现方式偏好正相关 (Furnham and Walker, 2001)，而外向性及冒险性与低自然性的视觉呈现方式偏好正相关 (Premuzic et al., 2009)，开放性对两种自然性水平（低自然性 vs. 高自然性）的视觉呈现方式都有着积极影响 (Rawlings, 1997, 1998, 2000)。

(2) 文化因素

尽管不同国家品牌标识的视觉设计维度基本相似，消费者对不同自然性水平（低自然性 vs. 高自然性）的品牌标识的偏好可能会因文化差异而有所区别 (Jun and Lee, 2007)。例如，韩国的消费者更喜欢间接的语言和非对抗性的交流方式，因此，韩国的品牌更多的是采用低自然性的品牌标识；而美国的消费者更喜欢直接和对抗性的交流方式，因此，美国的品牌较多地采用高自然性的品牌标识。Jun 和 Lee (2007) 的研究启发了品牌在实施全球化战略时，最好考虑选择和设计出具有普遍共同意义的图形类品牌标识 (Desarbo et al., 1998, 2006; Perfetti et al., 2005; Pittard, 2007)。

(3) 语义联想因素

相对于低自然性的视觉呈现方式，高自然性的视觉呈现方式更可能在消费者之间产生共享的语义联想，进而影响他们对图形的偏好 (Vessel and Rubin, 2010)。也就是说，消费者对视觉自然性偏好的差异可能是由于共享语义关联的不同水平造成的 (Schepman, Rodway, Pullen and Kirkham, 2015)。但是，消费者对低自然性的视觉呈现形式的反应通常是较为主观的，所引起的联想也是比较多变的 (Feist and Brady, 2004; Leder et al., 2012, 2013)。

2.2.3 视觉自然性对消费者的影响

(1) 视觉自然性的审美优越性

个体共享同一个自然环境，会根据这个环境形成无意识的法则体系，为他们的偏好提供信息支撑（Veryzer，1999）。例如，人们对自然性有着根深蒂固的偏好，高自然性的视觉呈现方式描绘的是自然物象，一般消费者会认为这类品牌标识的视觉设计比较受欢迎（Joana et al.，2012，2015；Mayall，1986；Papanek，1984）。此外 Pittard，Ewing 和 Jevons（2007）在 Henderson 等（2003）对自然性设计重要性论证的基础上，提出黄金比例的视觉设计更容易调动消费者的感官愉悦性。而且他们的研究结果表明黄金比例的审美仅局限于高自然性的品牌标识视觉设计，对于低自然性的品牌标识，消费者更偏好 1∶1 比例（Zigler and Child，1976）的表现形式。

（2）视觉自然性的加工方式

Uusitalo 等（2012）通过分析消费者对高自然性图形和低自然性图形的视觉感知，发现高自然性的图形和低自然性的图形都能唤起消费者的情感，但是高自然性的图形比低自然性的图形能引起更高水平的情感状态，而消费者通常会倾向于喜欢能唤起他们情感的图形。因此，无论高自然性的图形还是低自然性的图形都可能会赢得消费者的喜爱。然后作者通过眼动追踪实验发现，消费者对两种不同自然性水平（低自然性 vs. 高自然性）的图形的视觉加工方式存在显著的差异。高自然性的图形引起许多短暂、广泛和分散的视觉聚焦，而低自然性的图形引发更少、更短暂、更集中和整体的视觉聚焦。

（3）视觉自然性对消费者行为的影响

自然性可以看作是一个信号，它通过一系列心理过滤（即参与和动机水平）来影响消费者的认知和情感状态，并最终影响他们的行为反应（Naletelich and Paswan，2018）。Naletelich 和 Paswan（2018）通过对眼镜这种非奢侈品的零售环境视觉呈现方式的研究发现，在低自然性的图形视觉呈现方式情景下，消费者的享乐动机、功能动机、艺术开放性、可选择性以及产品审美属性与购买意向正相关；而在高自然性的图形视觉呈现方式情景下，只有产品审美属性以及象征意义与购买意向有关。

2.2.4 文献评述

本节通过对视觉自然性相关文献的系统梳理，概述了视觉自然性的内涵，整理了视觉自然性对消费者信息处理方式、态度和行为的影响，并在消费者层面探讨了消费者个性因素以及文化差异因素等对视觉自然性偏好的影响。总的来说，现有文献更多地重视高自然性的视觉呈现方式的审美优势，而忽视不同自然性水平（低自然性 vs. 高自然性）的视觉呈现方式对消费者感知和态度的差异化影响。

传统的关于视觉自然性的研究都提倡品牌的广告和包装等应该尽可能自然，因为高自然性的视觉设计确实能够增加消费者的熟悉感，有利于消费者对品牌标识信息的正确解读。但是，它们大多忽视了一类品牌标识不可能只会存在单一的影响。对某些消费者来说，高自然性的视觉设计可能在传递熟悉意义方面的确具有优势，但是对另一些消费者来说，这类品牌标识有时未免乏味，他们更希望从品牌标识中满足情趣以及独特性需要，而适当的低自然性视觉设计恰巧可以凭借其创造性的表现形式来吸引消费者的关注。因此，两种不同自然性水平（低自然性 vs. 高自然性）的品牌标识的具体应用情景还需要更为深入的探究。

2.3　品牌个性相关文献综述

本节主要是对品牌个性的相关研究进行系统的梳理，具体来说，首先对品牌个性的内涵进行了清晰的阐述；其次详细地介绍了品牌个性的五大维度；再次对品牌个性的历史研究脉络以及现有的关于品牌个性的相关研究问题进行了梳理；最后对品牌个性的前因后果进行了系统的整理。

2.3.1　品牌个性的概念

（1）品牌个性的内涵

现有研究表明，品牌是具有个性的，作为自我表达的象征（Keller，1993）。品牌个性是指与品牌关联的人格特征的集合（Aaker，1997）。品牌的个性代表了消费者对品牌是什么以及品牌对他们意味着什么的综合认识（Schmitt，2012）。品牌的个性与人的个性特征类似（Aaker，1997；Johar，Sengupta and Aaker，2005），可以帮助消费者表达现实自我、理想自我或者自我的特定方面（Belk，1988），有利于消费者与品牌建立一种更亲密的关系（Aaker，1997，1995，1999；

Fournier, 1998)。

（2）品牌个性与消费者个性的联系和区别

虽然消费者的个性特征可能与品牌的个性特征具有一定的相似性（Epstein, 1977），但是二者的形成方式存在着明显的区别。具体来说，对消费者个性特征的判断可以基于消费者的行为、态度、人口特征以及身体特征等方面（Park, 1986），而对品牌个性的判断则受到消费者与品牌的直接或间接接触的影响（Plummer, 1985），也就是说，消费者可能会将与品牌相关的人的特征转移到对品牌个性的认知上（Mccracken, 1989），如通过公司以及品牌代言人来形成对品牌个性的判断。此外，消费者还可能会通过与品牌有关的产品属性、产品类别、品牌名称、广告风格、分销渠道以及品牌标识间接地判断品牌的个性（Batra, Lehmann and Singh, 1993; Radler and Maria, 2017）。

（3）品牌个性的工具性作用

强大的品牌个性有助于加强品牌与消费者之间的关系，促进消费者的品牌忠诚（Ahluwalia, Burnkant and UnNava, 2000）。品牌管理者相信，品牌个性可以在战略或战术层面上指导商业实践（Plummer, 1985）。具体来说，从战略上讲，品牌个性可以作为品牌在市场上定位的一种工具，有助于品牌在个性层面上与竞争对手有效地区分开来（黄胜兵和卢泰宏，2003; Sung and Kim, 2010; 曹丹，2018）。从战术上讲，品牌个性可以从营销、广告、设计等多个角度为品牌管理者提供指导方针。这些关于品牌个性的研究说明品牌个性具有一定的心理效应，影响消费者对品牌的认知和态度，并最终影响消费者的购买意愿、品牌忠诚以及其他与品牌有关的行为（胡桂梅和王海忠等，2018）。

2.3.2 品牌个性的维度

Aaker（1997）构建了基于"大五"人格特征的品牌个性量表，该量表包括刺激个性（excitement）、纯真个性（sincerity）、能力个性（competence）、成熟个性（sophistication）和粗犷个性（ruggedness）五个子维度。品牌个性的这些维度是指消费者如何看待品牌的，而不是如何与品牌进行关联（Brakus, Schmitt and Zarantonello, 2009）。根据 Aaker（1997）的研究，品牌个性的这五个维度中的每一个维度都包含以下几个具体的面相（如表 2-3 所示）。

表 2-3   品牌个性的各个维度

刺激个性	• 大胆面相 • 有朝气面相 • 富有想象面相 • 潮流面相	刺激的、时尚的、不规律的、俗丽的、煽情的 酷酷的、年轻的、有活力的、外向的、冒险的 风趣的、独特的、令人诧异的、好玩的、可鉴赏的 现代的、独立的、新潮的、积极的	代表品牌： 可口可乐 保时捷
纯真个性	• 朴实面相 • 诚实面相 • 有益面相 • 愉悦面相	循规蹈矩的、家庭为重的、小镇的、接地气的、蓝领的 务实的、实在的、纯真的、有道德的、沉稳的 诚恳的、有益的、永葆青春的、传统的 友善的、温暖的、快乐的、富有情感的	代表品牌： 柯达 康柏
能力个性	• 可信赖面相 • 聪颖面相 • 成功面相	可靠的、有效率的、勤奋的、安全的、小心翼翼的 有技术的、专业的、严谨的 有影响力的、有信心的、有领导风范的	代表品牌： IBM
成熟个性	• 迷人面相 • 上流社会面相	优雅的、高尚的、流畅的、女性的 有魅力的、漂亮的、自负的、老练的	代表品牌： 露华浓
粗犷个性	• 户外面相 • 强韧面相	男人味的、运动的、活跃的、西部的 强壮的、粗野的、有韧劲的	代表品牌： 耐克

资料来源： （1）Aaker, J. L. Dimensions of brand personality ［J］. Journal of Marketing Research, 1997, 34（3）：347-356. （2）Aaker, J., Fournier, S. and Brasel, S. A. When good brands do bad ［J］. Journal of Consumer Research, 2004, 31（1）：1-16.

（1）刺激个性

品牌的刺激个性主要包括大胆、有朝气、富有想象以及潮流四个面相特征（Aaker, 1997），其中，大胆面相包括刺激的等 5 个题项，有朝气面相主要包括酷酷的 5 个题项，富有想象面相主要包括风趣的等 5 个题项，潮流面相主要包括现代的等 4 个题项。例如，保时捷和可口可乐就是刺激个性品牌的典型代表。

（2）纯真个性

品牌的纯真个性主要包括朴实、诚实、有益以及愉悦四个面相特征（Aaker, 1997），其中，朴实面相包括循规蹈矩的等 5 个题项，诚实面相包括务实的等 5

个题项，有益面相包括诚恳的等 4 个题项，愉悦面相包括友善的等 4 个题项。例如，康柏和柯达就是典型的纯真个性品牌。

（3）能力个性

品牌的能力个性主要包括可信赖、聪颖以及成功三个面相特征（Aaker，1997），其中，可信赖面相包括可靠的等 5 个题项，聪颖面相包括有技术的等 3 个题项，成功面相包括有影响力的 3 个题项。例如，IBM 就是能力个性品牌的典型代表。

（4）成熟个性

品牌的成熟个性主要包括迷人和上流社会两个面相特征，迷人面相包括优雅的以及高尚的等 4 个题项，上流社会面相包括有魅力的以及老练的等 4 个题项。例如，露华浓就是成熟个性品牌的典型代表。

（5）粗犷个性

品牌的粗犷个性主要包括户外和强韧两个面相特征（Aaker，1997），其中，户外面相包括有男人味的以及活跃的等 4 个题项，强韧面相包括强壮的以及粗野的等 3 个题项。例如，耐克就是粗犷个性品牌的典型代表。

此外，Maehle 和 Supphellen（2011）从来源的相关性角度将品牌个性分为三组。其中，第一组是纯真个性和能力个性，这两个维度的品牌个性主要来源于公司层面（员工、CEO 以及产品等功能性因素）和消费者层面资源整合。第二组是成熟个性和粗犷个性，这两个维度的品牌个性主要来源于象征性符号层面（代言人、典型用户以及标识等社会身份性因素）资源整合。第三组是刺激个性，该维度的品牌个性主要是以公司层面、消费者层面以及象征性符号层面资源的整合为基础来进行塑造。有效的单个来源的营销刺激通常不能传递出品牌个性每个维度的信息，为了塑造一个理想的品牌个性，品牌管理者需要从特定的维度入手（Maehle and Supphellen，2011）。

2.3.3 品牌个性的历史研究脉络

自 20 世纪 60 年代以来，品牌个性一直以其超越产品属性的象征价值功能来吸引消费者。Levy（1959）最初开始用责任来形容品牌，类似地，Markham（1972）则用谦虚来评估品牌，接着，Plummer（1985）指出品牌与其竞争品牌之间的区别在于它们的不同个性，Blackston（1993）发现品牌可以其独特的个性化特征来吸引消费者。然而，有关品牌个性研究的一个重要里程碑是 Aaker 和 Fournier（1995）的研究，他们首次提出了品牌个性的概念界定和测量方法，而 Aaker（1997）的开创性文章则标志着品牌个性研究的实际起点。更进一步地，Fournier（1998）提出了品牌可以作为消费者的关系伙伴的建议，并在 Aaker（1997）研究的基础上确立了一套系统的品牌个性的特征。

然而，学者们对品牌个性的研究兴趣并不仅仅局限于消费者，还包括其他的利益相关者。例如，在组织行为学的文献研究中，Slaughter 等（2004）还探讨了品牌个性对潜在员工的影响。另外，在声誉学领域，Davies 等（2004）制定了一套对员工和顾客都适用的品牌个性量表，与 Aaker（1997）编制的用于测量单个维度的题项不太一样，Davies 等所确立的量表的每个维度所占的比例都不尽相同。

此外，品牌个性的应用范围可以进一步拓宽到营销的城市、地区和国家（Shaughnessy，2000；Ekinci and Hosany，2006；Murphy et al.，2007；Kim and Lehto，2012）。毋庸置疑，每个地区和国家同任何其他品牌一样，可能都是具有个性的（Astous and Boujbel，2007）。然而，与产品、服务和公司品牌的个性量表可能存在细微差异一样，Aaker（1997）的品牌个性量表对国家和地区个性测量的有效性问题仍值得商榷。因此，学者们又在 Aaker（1997）研究的基础上，分别开发了适用于国家的品牌个性量表（Rojas-Méndez and Papadopoulos，2012；Rojas-Méndez et al.，2013）和城市的品牌个性量表（Kaplan et al.，2010）。此外，学者们还研究了一些零售商（Astous and Levesque，2003）、非营利组织（Venable et al.，2005）以及大学（Rauschnabel et al.，2016）等的品牌个性。

更细致的，就营销领域来说，自 1995 年以来许多实证研究证明了品牌个性对消费者态度和行为的影响，如消费者的品牌态度（Helgeson and Supphellen，2004）、购买意愿（Freling et al.，2011）、品牌信赖（Sung and Kim，2010）、品牌依恋（Malar et al.，2011）以及品牌忠诚（Kressmann et al.，2006）。也就是说，在过去的二十几年里品牌个性的重要性在营销领域的研究中得到了越来越多和充分的关注。

2.3.4 品牌个性的研究视角

鉴于品牌个性在理论上和管理实践中的重要性，过去20多年里，营销学领域的学者们从各个方面对品牌个性展开了非常丰富的研究，总的来说，学者们重点关注了品牌个性对消费者反应的影响（Aaker，1999；Aaker，Fournier and Brasel，2004；Kim，Han and Park，2001；Venable，Rose，Bush and Gilbert，2005；赵红和张晓丹，2010）、品牌个性的测量（Aaker，1997；Azoulay and Kapferer，2003；Caprara，Barbaranelli and Guido，2001）、消费者对品牌个性感知随时间发展的动态性（Johar，Sengupta and Aaker，2005）、品牌个性维度的文化差异（Aaker，Benet-Martinez and Garolera，2001；Sung and Tinkham，2005）、品牌个性对品牌延伸的影响（Diamantopoulos，Smith and Grime，2005；陈卓浩和鲁直，2008；何佳讯，2011）以及品牌个性在其他领域的应用研究（Slaughter et al.，2004；Davies et al.，2004）。表2-4系统地汇总和分析了品牌个性的研究视角及相关研究问题。

表 2-4　　　　　　　　品牌个性的研究视角及相关研究问题汇总

研 究 视 角	相关研究问题
（1）测量	概念化 ❖ 品牌个性与人的个性有什么不同？它们为什么会存在这些不同之处？ ❖ 品牌个性与自我品牌一致性对消费者态度和行为的影响有什么区别？ 操作化 ❖ 人的个性量表是否适用于测量品牌个性？如果不能，如何进行整合？ ❖ 品牌个性可以用更全面的量表进行测量吗？ 文化 ❖ Aaker（1997）的品牌个性维度是否会因文化的不同而有所差异？ ❖ 是否存在潜在的文化因素导致品牌个性量表的差异化？

续表

研究视角	相关研究问题
（2）直接/间接效应	❖ 品牌个性如何更有效地用于品牌定位和与消费者沟通？ ❖ 品牌个性的维度对消费者的哪一种反应（认知 vs. 行为 vs. 情感）影响较大？ ❖ 消费者的思维方式会影响品牌个性的有效性吗？ ❖ 与消费者的心理意象相比，强调品牌个性与自我的一致性有何更重要的意义？实际与理想的自我与品牌一致性的影响有何区别？
（3）维度的动态性	❖ 品牌个性是否会以及如何随着时代的发展潮流而发生改变？ ❖ 品牌个性的不同维度对消费者的影响有何区别？ ❖ 品牌个性最有效的维度是哪一个？
（4）对品牌延伸的影响	❖ 品牌个性如何应用于品牌的延伸策略，并有效预防品牌的稀释？ ❖ 品牌延伸对母公司的品牌个性有何长期影响？ ❖ 如何才能成功地将品牌个性用于品牌联盟？
（5）其他领域的应用	❖ 商品品牌的个性与服务品牌的个性有何区别？ ❖ 不同区域的品牌其个性有何共同点和不同点？ ❖ B2B 情景下的品牌个性有何具体影响？ ❖ 组织机构的品牌个性包括哪些维度？

资料来源：Radler and Maria, V. 20 years of brand personality：a bibliometric review and research agenda ［J］. Journal of Brand Management, 2017, 12 (6)：53-71.

（1）品牌个性的测量方面

关于品牌个性的测量研究主要表现在概念化、操作化以及文化三个方面。首先，概念化方面，已有研究对消费者个性与品牌个性之间可能存在的异同进行了分析，但是关于消费者个性在多大程度上能够转移到品牌个性并没有明确的结论（Azoulay and Kapferer, 2003）。其次，操作化方面，学者们对如何衡量品牌个性的维度仍然没有达成一致的意见。如果只基于 Aaker（1997）关于品牌个性的界定和操作的话，品牌个性只能从隐喻的意义上来理解，因此，还需要对不同品牌和不同产品类别的现有品牌的个性量表进行进一步的实证检验。最后，文化方面，到目前为止，对品牌个性的研究大多是在西方文化中进行的，使用最广泛的 Aaker（1997）品牌个性量表是基于美国消费者对品牌个性的感知，鉴于品牌的持续国际化，探索不同文化之间品牌个性的差异也很有意义。

（2）品牌个性的直接/间接效应方面

尽管有相当多的研究涉及品牌个性的影响，但对消费者反应变量之间的相互关系的阐述并不是很清晰。因此，需要对品牌个性的影响进行系统的分析。一方面，对受品牌个性影响的不同消费者反应类型进行明确的分类可能是有帮助的，这将有助于揭示消费者的认知、行为和情感反应如何受到品牌个性及其不同维度的影响。另一方面，还需要对自我品牌一致性效应进行更多的检验。

（3）品牌个性维度的动态性方面

现有研究发现，特定的品牌个性维度会以不同的方式影响着消费者与品牌的关系，而且品牌个性的认知影响因素也会随着时间的推移而发生变化。未来研究可以更多地致力于探究哪些维度对品牌个性的作用最有利，以及如何基于品牌个性来发展消费者与品牌的关系。

（4）品牌个性对品牌延伸的影响方面

现有研究表明，品牌个性对成功推广品牌具有重要作用，其中，内隐人格理论可以较好地解释品牌个性在品牌延伸方面的作用。未来的研究还需要对不同产品类别和不同文化中品牌个性的具体应用提供更多的理论支撑，例如，拓展品牌个性在品牌联盟等方面的应用。

（5）品牌个性在其他领域的应用方面

品牌个性越来越多地被用于服务和其他组织机构。在全球市场中，对一个国家、地区或城市来说，有一个独特的品牌个性是很重要的。未来可以考虑其他国家或地方品牌个性研究的可能性。

2.3.5　品牌个性的前因后果

个性对一个品牌来说非常重要，那么品牌个性的影响因素及具体的影响结果有哪些呢？接下来，根据现有文献对品牌个性的前因后果进行了系统的梳理。具体来说，就品牌个性的前置因素而言，品牌的产品包装、广告、品牌标识以及消费者的心理都可能会影响品牌个性的塑造（Batra，Lehmann and Singh，1993；王霞等，

2012)。就品牌个性的影响结果而言，品牌个性可能会提高消费者对品牌的偏好、品牌信赖感、品牌忠诚度以及产品的购买意愿（Sirgy，1982；Biel，1993；Foumier，1994；谢毅和彭泗清，2012）。表 2-5 详细地展示了品牌个性的前因后果。

表 2-5　　　　　　　　　　　　品牌个性的前因后果

因　素	描　述
前因	
（1）广告因素	
❖　复杂性	广告复杂程度和难以理解的程度不利于消费者对品牌个性的解读
❖　一致性	广告动态性和与自身一致的程度会影响消费者对品牌个性的判断
❖　利益声明	一条务实的功能主义诉求信息声明可以提高消费者对品牌纯真个性的感知（Lim and Ang，2006）
❖　品牌代言人	通过名人也可以塑造品牌个性
（2）产品因素	
❖　产品属性	产品本身的发展可以形成品牌的鲜明个性
❖　原产国	产品的来源国差异也会影响品牌个性（Peterson and Jolibert，1995）
❖　产品设计	独具匠心的产品形式和包装有助于品牌个性的塑造和强化
❖　产品价格	产品的定价作为品质的反映，在一定程度上也体现了品牌个性
❖　产品名称	产品名称通过刺激消费者的听觉感官从而留下品牌印象
（3）品牌元素	
❖　品牌元素	品牌名称、标语、品牌标识、音乐以及布局等
❖　品牌创始人	品牌创始人的品质也可能成为品牌个性
（4）消费者因素	
❖　个性	消费者与品牌一致的个性
❖　先验态度	消费者之前对品牌的积极情感会提高对品牌个性感知
❖　自信心	自我效能感较高的消费者更可能做出有利的品牌个性判断（Bearden et al.，2001）
后果	
❖　品牌态度	对品牌的全面评价和态度
❖　品牌个性	消费者感知到的品牌属性，如相似性和独特性

因　素	描　述
❖　品牌关系强度	消费者与品牌的关系强度，如品牌依恋和关联
❖　品牌承诺	良好的再购意愿
❖　购买意愿与行为	购买和使用品牌的行为意愿和实际购买及使用行为

资料来源：黄静. 品牌管理 [M]. 武汉：武汉大学出版社，2015：60-79.

（1）品牌个性的前置因素

第一，广告因素的相关研究。广告是品牌与消费者进行沟通和宣传品牌个性的最有效方式之一（Kotler and Keller，2012；Sauer et al.，2012，2013），许多广告中使用的工具（从颜色、文字到符号及人物）确实会影响消费者对品牌个性的感知和判断（Pringle and Binet，2005）。通过广告影响消费者最有效的方法之一就是在广告中使用名人作为代言人，名人在品牌广告中的使用可以代表特定的个性特征，从而有利于塑造出品牌所需的个性。而且年轻消费者一般更喜欢名人，用名人为品牌代言可以更好地吸引年轻消费者的注意，进而有利于消费者个性与品牌个性的匹配，并提高产品销量（Pringle and Binet，2005）。此外，Sauer等（2013）的研究表明，广告的复杂性可以增加消费者对品牌纯真和能力的感知，而且消费者与品牌的一致性可以增加这种复杂性。具有享乐性质的一条利益声明会增加消费者对品牌纯真和成熟个性的感知，但是并不能提高消费者对品牌刺激个性（涉及富有想象和潮流的联想）以及粗犷个性（代表户外活动和强硬等特征）这两个维度的感知。

第二，产品因素的相关研究。Maehle，Otnes 和 Supphellen（2011）研究了消费者对品牌个性不同维度的认知，发现具体的产品类别特征和产品层次的记忆模式影响了消费者对品牌个性的理解，也就是说，消费者可能会根据产品类型或层次而将品牌个性归因于产品的作用，而不是完全依据品牌的营销努力（Kum et al.，2012）。例如，消费者对品牌个性的推断可能取决于产品的意义，即产品是功能性的还是象征性的，功能性产品通过有形的以及性能相关维度来影响消费者的判断，象征性产品通过与消费者在角色和自我个性上的关联来满足消费者的需求和对品牌的认知。品牌包装在很大程度上与色彩有关，但它也有更多的元素将意义传递给消费者。另外，如果一种产品是针对上流社会和高价的，包装的颜色应该最好使用冷色调的和深色，但对价格敏感的消费者则相反，这种情况下，包装的颜色应该尽量使用浅色系，如白色；更重要的是，针对上层阶级的包装的字母和单词最好是粗体和较大的，而面向中产阶级的产品包装应该使用曲线或圆形，直线和方格可能用于高价产品（Ampuero and Vila，2006）。

第三，品牌元素因素的相关研究。品牌名称被消费者视为最常见的视觉信息（Hanby and Terry，2002），它是品牌与消费者沟通的基础（Keller, Heckler and Houston，1998），有助于提高品牌意识并为新产品塑造理想的品牌个性。品牌个性是通过操纵品牌名称、标语、品牌标识、音乐、意象以及布局等其他特征而形成的（Wee，2004）。Grohmann 等（2013）探讨了用来代表品牌名称的字体（如品牌标识）是否会影响消费者对品牌个性的看法，他们发现字体呈现方式（自然、精细、和谐、繁复和重量）会影响品牌个性感知（刺激、纯真、复杂、能力和强韧性），而且字体的自然性是引发消费者对品牌个性感知的一个关键因素。另外，品牌色彩也是影响品牌个性感知的重要因素，研究表明，黑色与消费和力量有关，蓝色与依赖和信任有关，红色与高质量和爱有关，黄色则更多地体现了幸福；许多品牌与多种颜色联系在一起，从而向消费者传达多重含义（Bottomley and Doyle，2006；Aaker, Benet-Martinez and Garolera，2001）。

第四，消费者因素的相关研究。Xuehua 等（2018）探讨了权力距离信念对品牌个性感知的影响，提出高权力距离信念的个体对公司内部品牌和外部品牌的品牌个性感知具有两极化作用，具体来说，高权力距离信念的个体比低权力距离信念的个体倾向于更积极地评价公司内部品牌的个性，而对外部品牌个性的评价则更消极。Swaminathan 等（2009）探讨了消费者依恋风格对品牌个性偏好的影响，发现在高回避和高焦虑的情景下，消费者表现出对刺激个性品牌的偏好；然而，在低回避和高焦虑的情景下，消费者则倾向于更偏好纯真个性的品牌。此外，消费者在零售环境中的身体体验也影响他们对零售店品牌个性的认知（Möller and Herm，2013），具体来说，消费者的身体体验（硬度和温度的感觉）会将隐喻含义转移到他们对品牌个性的感知（强韧和温暖）。

总之，消费者对品牌个性的感知会受到消费者对品牌的任何直接或间接体验的影响（Aaker et al.，2010），品牌代言人、公司员工或 CEO 以及品牌使用者直接影响他们对品牌个性的感知（Pringle and Biner，2005）；而间接效应则来自消费者与品牌要素的关联，如品牌名称、品牌标识、传播方式、颜色、包装、价格、广告风格、沟通、产品的物流（Aaker，1997）等，所有这些有助于区分品牌与竞争对手之间差异以及在多重环境中对品牌有效识别的品牌元素都可能会影响品牌的个性感知（Keller，2008）。

（2）品牌个性的影响结果

品牌个性对公司的营销实践很重要，因为消费者对品牌个性的感知会影响与之相关的一系列态度和行为反应。具体来说，消费者对品牌个性的感知有助于他们将品牌视为二元关系中的合作伙伴（Fournier，1998），提高他们对品牌的信任和忠诚度（Fournier，1998），增加他们对品牌的偏好（Aaker，1997；Sirgy，1982），促进他们对品牌的积极情绪（Biel，1993），以及进一步的品牌识别和口碑沟通（Kim，han and Park，2001）。品牌个性也会影响消费者对品牌失败和补救努力的反应（Aaker，Fournier and Brasel，2004）。而且当品牌个性与消费者的自我构念相一致时，品牌个性对消费者反应的积极影响尤为显著（Dolich，1969；Sirgy，1982）。此外，当一个品牌的个性较好地反映了消费者的自我构念时，它可能会向消费者发出购买和使用的信号，并增强消费者的实际或理想的信念。可见，品牌个性具有重要的实现消费者自我表达的功能（Fournier，1998）。

此外，He（2012）的研究发现中国的大部分品牌具有鲜明的纯真个性，但在刺激个性和成熟个性方面表现并不佳。因此，中国的消费者对品牌纯真个性的显著感知更有利于老字号品牌的向下延伸，但对这类品牌的向上、近或远的延伸并没有太大的影响。相反，中国的消费者对品牌刺激个性和成熟个性感知更有利于老字号品牌的向上和向远延伸，但对向下或向近延伸并没有显著的影响。

2.3.6 文献评述

本节对品牌个性相关文献进行了系统的梳理。首先，基于 Aaker（1997）的研究对品牌个性的内涵进行了清晰的界定，并详细地分析了品牌个性的不同维度。其次，介绍了品牌个性的历史研究脉络和相关研究视角及问题。最后，理清了品牌个性研究的前因后果。总的来说，品牌个性的相关研究具有以下特点：

（1）聚焦于消费者与品牌的一致性，忽视消费者心理意象的作用

在现有的关于品牌个性的研究中，学者们大多聚焦于讨论消费者个性与品牌

个性的一致性对品牌的认知有何影响，这些研究均认为，与品牌一致性较高的消费者会对品牌个性做出更积极的评价。但是，关于消费者心理意象是否也会影响品牌个性认知的问题很少有研究涉及。营销实践中，很多品牌元素会对消费者具有一定的象征意义，有利于唤起消费者的心理意象，进而准确地推断品牌的个性特征。

（2）重消费者因素，轻产品因素

消费者因素是目前关于品牌个性的文献中被关注较多的一个影响因素，消费者的个性特征、品牌经验和自信心都可能会影响品牌个性感知。但是产品才是品牌标识最重要的载体，产品特性因素对品牌个性认知的影响范围较广。目前关于品牌个性的现有研究对产品因素的涉及也不是很多。尤其是考虑品牌标识与产品类型的匹配对品牌个性感知影响的研究更少，因此，本书认为结合产品类型来考虑品牌标识对品牌个性认知的差异势在必行。

2.4 品牌资产相关文献综述

本节主要对品牌资产的相关研究进行了系统的梳理，具体来说，首先对品牌资产的内涵进行了明晰的解释；其次，详细地介绍了品牌资产的各个维度以及品牌资产的不同测量方法；最后，对品牌资产的影响因素进行了全面的分析。

2.4.1 品牌资产的内涵与维度

自 1980 年以来，品牌资产（brand equity）就是最重要的营销变量之一。鉴于品牌资产能够为组织创造竞争优势的战略性作用，该变量一直是营销领域研究的热点和重点（Atilgan，Aksoy and Akinci，2007）。品牌资产的评估可以基于三个要素进行考察：财务、市场以及消费者。

在基于财务要素的评估方法中，品牌资产是不断增加的现金流，既包括通过销售有形产品获得的现金流，也包括通过销售无形产品获得的现金流（Simon and Sullivan，1993）。在基于市场要素评估的方法中，品牌资产是品牌名称等为公司创造的附加值，而且这一收益一般不包含同等的无形产品（Keller and Lehmann，2003，2008）。Farquhar（1989），Aaker（1991，1996）与 Keller（1993）

提出的是基于消费者要素的品牌资产。其中，Farquhar 理解的品牌资产是品牌赋予产品的附加值。Aaker 认为品牌资产是与品牌元素相关的资产与负债的组合，这些资产和负债增加（减少）了产品或服务提供给公司或其客户的价值。Keller 将品牌资产解释为消费者对品牌知识营销的差异化反应，由消费者对品牌与非品牌产品营销的反应差异进行衡量，据此，品牌资产越高，说明消费者对品牌营销组合的反应越好，相应的营销成本会随之减少。Lemon，Rust 和 Zeithaml（2001）进一步指出，品牌资产是对品牌主观的和无形的评估，超越了消费者通过客观评估获得的信息。

此外，还有学者将基于消费者要素的品牌资产和基于财务要素的品牌资产联系起来，认为品牌资产是由品牌影响力和品牌价值两部分组成，前者是基于消费者层面的测量，后者是品牌的财务收益（Srivastava and Shocker，1991；Park and Srinivasan，1994，Srinivasan et al.，2005，2009；Landwehr et al.，2011，2013；Luffarelli et al.，2019）。考虑到本书重点考察消费者对品牌标识自然性的反应以及这些反应对品牌的积极影响，因此，本书参考 Luffarelli 等（2019）的研究，重点探讨品牌标识的低自然性与品牌个性的匹配对基于消费者要素的品牌资产和基于财务要素的品牌资产的影响，并尝试探究这两种不同评估方式的品牌资产之间的联系。

既然品牌资产可以从不同的角度进行界定，那么品牌资产通常包含一些不同的维度，这些维度构成了提供给消费者有关品牌信息的基础。接下来，本书对一些有代表性的品牌资产的概念研究及其维度进行了系统的整理，具体如表 2-6 所示。

表 2-6　　　　　　　　　　　品牌资产的内涵及维度

来源	定　义	测量维度
Farquhar（1989）	品牌赋予产品的附加值	品牌评价、品牌态度、品牌形象
Aaker（1991）	品牌资产是与品牌名称相关的资产与负债的组合	品牌意识、感知质量、品牌联想、品牌忠诚度、其他专有资产（专利、商标等）

续表

来源	定　义	测量维度
Srivastava and Shocker (1991)	品牌资产影响长期现金流和未来利润	品牌影响力、品牌价值
Keller（1993）	品牌知识对消费者对品牌营销反应的差异效应	品牌意识（回应和认可）、品牌形象（属性、利益、态度）
Berry（2000）	品牌资产是品牌意识和意义对消费者关于品牌营销反应的差异化效应	品牌意识、品牌意义
Mishra and Datta (2011)	品牌资产的重要维度如品牌名称、认知度和个性被视为基于消费要素的品牌资产的前因，而品牌偏好和购买意愿等其他维度则被视为后果	品牌名称、品牌沟通、品牌联想、品牌个性、品牌意识、品牌形象、品牌质量、品牌忠诚度
Luffarelli et al.（2019）	包括基于消费者要素的品牌资产和基于财务要素的品牌资产	品牌评价、品牌价值

资料来源：（1）Brahmbhatt, D., & Shah, J. Determinants of brand equity from the consumer's perspective：a literature review. IUP Journal of Brand Management, 2017, 14（4）：33-46.（2）Luffarelli, J., Mukesh, M., & Mahmood, A. Let the logo do the talking：the influence of logo descriptiveness on brand equity. Journal of Marketing Research, 2019, 56（5）：862-878.

2.4.2　品牌资产的影响因素

现有文献表明，品牌资产既有功能性/属性（客观）的前置因素，也有象征性/经验性（主观）的前置因素（Kocak et al., 2007；Broyles et al., 2009）。功能性前置因素反映了品牌内在功能性方面的存在及其满足消费者功能需求和欲望的能力（Broyles et al., 2009），这些因素大多被认为"与相当基本的需求有关，如生理或安全等的需求"，而且它们还涉及解决或避免某种问题的愿望（Keller, 2003）。品牌资产的象征性前置因素更多的是反映品牌满足消费者的心理或社会需求的能力（Keller, 2003），这类因素反映了消费者"将产品或服务用作感官愉悦、多样性追求以及认知刺激等需求"（Keller, 2003）。表2-7详细地介绍了有关品牌资产前置因素的代表性文献。

表 2-7   **品牌资产的前置因素**

前置因素	定　　义	代表性文献
功能性因素		
可靠性（reliability）	品牌绩效的一致性	Aaker & Joachimsthaler（2000）
耐用性（durability）	品牌产品的经济生命力	Aaker（1991）
有效性（effectiveness）	品牌满足消费者需要的程度	Keller（2003）
风格（style）	品牌产品的外表	Broyles et al.（2009）
设计（design）	品牌产品的内容、意义和预设形象	Keller（2003）
担保（warranty）	与品牌产品相关的法律声明或契约	Keller（1993）
标识（logo）	消费者对品牌标识的识别	Keller（2003）
价格（price）	消费者对品牌产品的财务支出	Yoo & Donthu（2001）
分销密度（distribution intensity）	营销者向消费者提供产品的供应链	Yoo & Donthu（2001）
象征性前置因素		
品牌联想（brand associations）	消费者对所有与品牌相关的记忆和联系	Brown et al.（2003）；Keller（2002, 2003）
品牌个性（brand personality）	消费者对品牌拟人化特征的描述	Aaker（1996）
品牌社区（brand community）	与品牌相关的人，例如用户或者代言人	Berthon（2003）；Brown et al.（2003）
品牌意识（brand awareness）	个体对品牌的认知和回应	Keller（2003）
品牌忠诚度（brand loyalty）	消费者对品牌的重复购买以及购买心得分享	Keller（2003）
品牌态度（brand attitude）	消费者对品牌的喜好	Keller（2003）

前置因素	定　义	代表性文献
品牌参与度 （active engagement）	消费者愿意对品牌付出的时间、精力、金钱以及其他各种资源	Keller（2003）
广告费 （advertising spending）	品牌为其产品或服务所支付的资金	Keller（2003）； Yoo & Donthu（2001）
商店形象 （store image）	消费者对所购买产品的商店形象的感知	Keller（2003）； Yoo & Donthu（2001）

资料来源：（1）Broyles, S. A., Schumann, D. W., & Leingpibul, T. Examining brand equity antecedent/consequence relationships. Journal of Marketing Theory & Practice, 2009, 17（2）：145-161.（2）Luffarelli, J., Stamatogiannakis, A., & Yang, H. The visual asymmetry effect：an interplay of logo design and brand personality on brand equity. Journal of Marketing Research, 2019, 56（1）：89-103.

从对品牌资产的定义以及维度的梳理，我们发现，品牌资产包括消费者对品牌多个维度的反应，因此，品牌的大多数营销努力是为了更好地提升具体的品牌资产维度，如品牌态度、品牌评价以及品牌形象等。另外，通过对品牌资产前置因素的整理，我们发现品牌标识以及品牌个性在特定情景下都有可能会影响品牌资产的评估。那么，如果品牌依据个性特点来选择合适自然性水平（低自然性 vs. 高自然性）的品牌标识，会对其品牌资产形成积极的溢出效应吗？接下来，我们期望通过对既有的关于品牌标识设计以及品牌个性特征对品牌资产影响的相关文献的整理，为本书的研究奠定扎实的参考依据，并进一步明确本书的研究问题。

（1）品牌标识设计对品牌资产的影响

现有文献充分表明，品牌标识视觉营销刺激的设计属性可以显著影响品牌资产（Luffarelli, Stamatogiannakis and Yang, 2019），例如颜色（Gorn et al., 2004；Lieven et al., 2015）、字体（Hagtvedt, 2011）、形状以及视觉呈现方式等都有可能会影响消费者对品牌视觉元素的反应（基于消费者要素的品牌资产），相关文献研究本书已经在本章第二节中进行了详细的整理，本节在此基础上进行补充性梳理。

首先，作为品牌标识的重要元素，主题颜色可以极大地影响消费者对品牌的评价。具体来说，当消费者接触到品牌标识的颜色时，颜色与其含义之间的关联很容易被激活，例如蓝色是值得信赖的颜色，消费者更倾向于认为使用蓝色的品牌标识的品牌更加值得信任（Baxter et al.，2018）。许多营销努力的一个重要目标是提高品牌态度或者消费者对品牌的整体评价（Olsen，Slotegraaf and Chandukala，2014），因此，当消费者信任一个品牌时，他们对品牌的承诺会更高，忠诚度相应地也更高（Chaudhuri and Holbrook，2001），消费者会对该品牌拥有比其竞争对手更好的品牌态度。

其次，品牌标识字体的设计属性也会影响消费者对品牌的态度。例如，完整字体的品牌标识相对较清晰，会让消费者感觉使用这类标识的品牌更加值得信任；相反，由于感知的模糊性，不完整字体的品牌标识看起来更有趣，容易让消费者感觉使用这类标识的品牌更具有创新性，但对于防御聚焦的消费者而言，这类标识会不利于消费者对品牌的整体态度（Hagtvedt，2011）。

再次，如果公司选对了品牌标识的形状，品牌和产品都会受益颇丰。例如，圆形的品牌标识要比方形的品牌标识引发更多的有关舒适性的感知，更容易让消费者感觉品牌对客户更敏感，而方形的品牌标识要比圆形的品牌标识引发更多的有关耐用性的感知。此外，当品牌的广告信息与品牌标识同时呈现时，如果品牌标识的形状与产品广告强调的产品属性相匹配，消费者对品牌产品的属性评价会更好（Jiang，Galli and Chattopadhyay，2016）。

最后，现有的许多有关品牌标识的文献证实了品牌标识的视觉呈现方式对品牌资产的积极影响。例如，关于品牌标识描述性的研究发现，更多描述性的品牌标识会增加消费者感知的流畅性，进而让消费者感觉使用这类标识的品牌更真实，这种感知的真实性会进一步对消费者的品牌评价和购买意愿产生积极的影响（Luffarelli，Mukesh and Mahmood，2019）。而且与更少描述性的品牌标识相比，较多描述性的品牌标识会对品牌的财务绩效产生积极的影响（Luffarelli，Mukesh and Mahmood，2019）。

（2）品牌个性特征对品牌资产的影响

现有文献表明，品牌个性和品牌资产这两个构念是相互关联的，但是品牌个性作为品牌形象的基本要素之一，也可以有助于创造品牌资产（Aaker，1996；

Keller，1993；Vahdati et al.，2016）。消费者通常会将品牌个性特征作为品牌资产的影响因素。根据本章第二节中对品牌个性的影响结果的相关文献的梳理，我们发现品牌个性对品牌资产的影响确实是有据可循的，独特和良好的品牌个性可以积极影响消费者的满意度、忠诚度（Fournier，1998；Brakus，Schmitt and Zarantonello，2009）和支付意愿（Sonnier and Ainslie，2011），以及促进消费者对品牌的识别和口碑沟通（Kim，Han and Park，2001），并积极影响消费者对品牌失败补救的反应和评价（Aaker，Fournier and Brasel，2004）。

事实上，独特的品牌个性有助于在消费者脑海中创建一组理想和独特的联想，从而提升品牌资产（Keller，1993），并促进消费者对品牌的积极评价（Vahdati et al.，2016）。如前文所述，品牌个性增加消费者的兴趣、购买意愿以及他们对品牌的信任和忠诚度（Aaker，1997），而品牌忠诚度又是品牌资产的一个方面，它在很大程度上其实是由品牌个性和品牌偏好所决定的（Kim，Magnini and Singal，2011；Valette-Florence，Guizani and Merunka，2011）。更细致的，品牌个性的具体维度也会对品牌资产产生积极影响（Stephanie，Aaron，Lay Peng and Jayne，2011；Gonçalves Santos，2013；Sundar and Noseworthy，2016）。例如，Stephanie 等（2011）提出了品牌个性对品牌价值的影响，并表明对于笔记本电脑品牌来说，品牌的纯真个性和能力个性显得极为重要。Gonçalves Santos（2013）指出品牌个性的特征对基于消费者要素的品牌资产具有积极影响，而且品牌的刺激个性、能力个性和成熟个性对产品感知质量和品牌意识具有显著的积极影响。品牌的刺激个性还可以增加消费者的口碑，因为该个性可以唤起消费者的品牌体验并带来更多有关品牌的评论，而且品牌的刺激个性有助于提高消费者想要避免焦虑而形成的品牌依恋（Sundar and Noseworthy，2016）。

2.4.3 文献评述

本节主要是根据本书的研究需要对品牌资产的内涵、维度以及前置因素进行了系统的梳理，现有的文献为品牌个性和品牌标识设计对品牌资产的独立效应研究提供了重要的见解，这些研究的主要特点如下：

（1）重视品牌标识视觉设计和品牌个性的独立效应，忽视二者对品牌资产的交互作用现有的关于品牌标识视觉设计和品牌个性对品牌资产影响的研究从多个方面进行了充分的论证，品牌标识与品牌个性是两个关联度很大的变量。一方面，品牌标识的视觉设计属性有助于消费者对品牌个性的解读；另一方面，当品牌个性特征与所选取的品牌标识的视觉设计特征相匹配时，才能将品牌标识以及品牌个性对品牌资产的影响最大化。值得注意的是，目前很少有研究考察品牌标识、品牌个性以及品牌资产这三个变量的整体关系，忽视了品牌标识与品牌个性匹配对品牌资产的溢出效应。因此，本书尝试通过探究品牌标识自然性水平（低自然性vs. 高自然性）与品牌个性特征的匹配对品牌资产的影响及其内在机制，来进一步丰富品牌资产的相关文献。

（2）聚焦于单一类型的品牌资产研究，忽视不同类型的品牌资产之间的相互关系

考虑到基于消费者要素的品牌资产（CBBE）测量模型的完善性以及功能性价值，绝大部分关于品牌资产的研究是建立在 CBBE 的基础上。由于适用情景的差异性，对品牌资产的测量也存在许多不同的方法，然而，作为品牌实力的表达，不同类型的品牌资产之间理应存在紧密的联系。事实上，消费者对品牌的良好反应，极有可能会提高品牌的财务表现（Datta, Ailawadi and Van, 2017）。因此，本书期望通过市场上的真实财务数据来进一步分析基于消费者要素的品牌资产对基于财务要素的品牌资产的影响。

3 相关理论基础

基于上一章对品牌标识、视觉自然性、品牌个性以及品牌资产相关文献的回顾，本书可以提出一个非常有趣的研究问题：品牌标识自然性（低自然性 vs. 高自然性）对品牌个性感知有何差异化的影响，更进一步地，品牌标识自然性与品牌个性的匹配对品牌资产能够产生积极的溢出效应吗？接下来，为了回答这些问题，我们需要寻找相关理论来做铺垫。具体来说，按照上述逻辑，本章对视觉意象理论、图式理论以及感知一致性理论进行了梳理和回顾，为本书的理论推演和假设提出提供扎实的理论基础。

3.1 视觉意象理论

3.1.1 视觉意象的内涵

心理意象（mental imagery）是个体在加工记忆过程中对感官信息的心理表征（MacInnis and Price，1987），它通过心理表征建构来生成、解释和操纵信息。虽然意象被描绘成类似于"脑海中的画面"（Kosslyn，1976），但是心理意象与实际的图像是存在明显的区别的，与一幅固定的和稳定的图像不同，心理意象是灵活的甚至可以转换的，并且能够得以尽可能地延伸。以往研究表明，想象中的物体或事件很容易被修改或变形，例如，消费者可以旋转、缩放或折叠心理意象中的对象（Bone and Ellen，1992）。心理意象的可塑性也解释了为什么消费者可以想象他们以前可能从未经历过的场景（例如拥抱北极熊）或地球上不存在的物体（例如粉红色的大象）。

心理意象可以被多种方式唤起，如图形、文字以及指令等（Babin et al.，1992）。首先，具体图形比非具体图形更容易触发心理意象（Babin and Burns，1997，1998；Yoo and Kim，2014）。图形的主题还可以与消费者的自我感觉（例如自尊）相互作用，以唤起心理意象并影响他们对产品或品牌的态度（Aydinoǧlu and Cian，2014）。其次，具体词语（即文本信息）比抽象词语更容易唤起心理意象，词语这些有形的视觉信息对心理意象的影响已在教育、心理学、广告和消费者行为研究中得到广泛证实（Aydinoǧlu and Cian，2014；Babin and Burns，1997；Childers and Houston，1984；Gavilan et al.，2014；Paivio，1969；Yoo and Kim，2014）。最后，想象事物的指令可以唤起心理意象（Babin and Burns，1997），例如，印刷广告的内容，可以指导消费者充分发挥他们的想象力并产生详细的视觉意象，进而影响他们对广告中的产品或者服务的态度（Babin and Burns，1997）。随着新技术的出现还创造了一些新的互动体验，并形成新的意象唤起工具，例如，数字游戏、移动广告、在线试用产品的虚拟模型以及三维产品或商店的可视化。

理论上，心理意象可能发生于任何感官形态，如视觉（Dahl，Chattopadhyay and Gorn，1999）和常见的非视觉感官。其中，非视觉感官的心理意象包含来自视觉感官之外的其他感官的一些特定信息，如听觉（Unnava，Agarwal and Haugtvedt，1996）、嗅觉（Elder et al.，2017）、味觉（Compeau，Grewal and Monroe，1998；Larson，Redden and Elder，2014；Morewedge，Huh and Vosgerau，2010；Tiggemann and Kemps，2005）以及触觉（Van，2010）等形式的意象。例如，消费者有能力想象出香水的气味，或者摸到光滑的毛皮或坚硬的墙壁的感觉。

在心理意象的这些感官形式里，视觉意象（visual imagery）的应用范围最广泛，因此，相关研究也是最多的。视觉意象是个体在加工和记忆过程中对视觉信息的心理表征（MacInnis and Price，1987），是一种功能性的和准图形化的表征，其特殊的性质可以影响认知加工（Dahl，Chattopadhyay and Gorn，1999）。很多营销人员越来越认识到视觉意象的重要性，并在视觉设计过程中融入了视觉意象的特点。视觉意象是多维的（Walters et al.，2007；Khrouf and Frikha，2013），主要包括质量和精细化两个维度。视觉意象的质量是指意象的生动性、清晰度和吸引力，视觉意象的精细化是指消费者在观看某一物体（如广告）后，在他们的脑海中唤起意象的程度。而且学者们还探索了不同的情景下（如印刷广告、移动广告、网上购物视觉线索等）有助于视觉意象生成的条件（如信息的具体性、复杂性，想象指令等）（Argyriou，2012；Miller and Marks，1997；Tiggemann and Kemps，2005；Weibel et al.，2011）。

3.1.2　视觉意象的类型

视觉意象可以从意象生成类型的角度分为基于记忆的视觉意象和基于想象的视觉意象，学者们对这两种不同类型的视觉意象都展开了丰富的研究（Yoo and Kim，2012，2014）。记忆意象是指个体体验或观察到的事件或情景，而想象意象不同于基于以往体验的记忆意象，它是构建新的和个体以前从未经历过的事件（Dahl et al.，1999）。需要注意的是，想象意象可能还涉及先前的记忆，然而，它以一种新的和以前看不见的方式重新组合了这些记忆意象。区分不同类型的视觉意象在学习、情绪和情感方面很重要。例如，在产品的情景设计中，明确记忆意象和想象意象之间的区别就很重要。根据定义，想象意象是新奇的，因为它涉及创造以前看不见的意象，这种能力可以促进创新问题的解决；相反，记忆意象是与以前的经验有关的，对这类意象的依赖可能会限制可视化潜力（Adeyemo，1990，1994）。另外，想象视觉意象这种心理表征过程还涉及终端用户与终端产品的交互（Aromaa and Suomela，2003；Dahl，Chattopadhyay and Gorn，1999；Christensen and Schunn，2009；Koskinen and Battarbee，2003），这对新产品和创造性产品的生产和开发至关重要（Batson et al.，2007）。

3.1.3　视觉意象的影响因素

能力和动机是个体处理信息和做出行为的驱动因素，也是影响视觉意象生成的两个关键因素（Baddeley，2000；Darke，Chattopadhyay and Ashworth，2006）。具体来说，消费者的生成视觉意象能力取决于他们在加工记忆过程中产生可视意象的容量（Baddeley，2000），视觉意象生成动机是指消费者在处理信息时产生意象的长期倾向（Darke，Chattopadhyay and Ashworth，2006）。个体的加工记忆有一个负责处理基于语音和数字信息的语音回路系统，以及一个负责处理视觉空间信息的视觉空间系统（Baddeley，1986，1997，2000，2006，2010）。

加工记忆能力是生成视觉意象所必需的，而与测试视觉空间加工记忆处理能力相并行的视觉加工任务（视觉负荷）会显著降低视觉意象的生动性，导致测试任务的性能下降（Baddeley and Andrade，2000；Howard，2003；Bröder，2003；Kupor and Tormala，2018）。因此，当消费者接触到一个带有圆形或角形品牌标识的产品广告时，用不相关的视觉加工任务占据他们的头脑，会阻碍与产品或品牌相关的视觉意象的生成（Moorman and Matulich，1993；Darke，Chattopadhyay and Ashworth，2006；Jiang et al.，2016）。而与负责视觉空间系统不太一样，负责数字（或基于语音的）记忆的语音系统需要耗费的认知努力较高（Claypool and Carlston，2002；Walter et al.，2007；Zhang，Jeong and Fishbein，2010；Jeong and Hwang，2012；Voorveld，2011），标志形状对产品或品牌属性判断的影响可能在视觉负荷下减弱或消除，但在认知负荷下不会。

另外，系统的个体差异也被发现存在于人们的信息处理风格中（Childers et al.，1985；Jiang and Wyer，2009；Pham，Meyvis and Zhou，2001；Wyer，Hung and Jiang，2008）。有些个体在思考时比其他人更愿意习惯性地使用心理意象，因此，当接触到新的信息时，借助视觉意象处理信息的动机更高。视觉意象生成是一个过程，通过这个过程，品牌标识等视觉信息影响消费者对产品或品牌属性的判断（Jiang et al.，2016）。如果个体在处理信息的过程中不太可能产生产品或品牌的视觉意象，那么品牌标识对产品或品牌属性判断的影响就可能会减弱或消除。

3.1.4 视觉意象在消费者行为领域中的应用

以往关于视觉意象的研究表明，消费者在遇到产品图片或产品生动的语言描述时，会自发地生成意象（MacInnis and Price，1987；Peck et al.，2013），这些视觉意象在消费者的判断和决策过程中发挥着重要作用（Bone and Ellen，1992；Dahl，Chattopadhyay and Gorn，1999；Babin and Burns，1997；Fennis，Das and Fransen，2012；Elder and Krishna，2014）。考虑到视觉意象的延展性，它可以受到产品图片或产品语言信息以外的更多因素的影响。例如，如果消费者接触到像鞋子或沙发这样的产品广告，并且该产品具有圆形标识，那么消费者心中关于"柔软"的联想很容易被触发，进而所生成的产品或品牌意象可能受到柔软性联想的影响，导致鞋子或沙发被认为更舒适，而品牌将被想象为对客户更敏感（例如，更关心、更温暖和更亲切）；然而，如果产品有一个棱角分明的标识，消费者脑海中可能会更容易获得硬度的概念，导致鞋子或沙发被想象为更耐用（Jiang et al.，2016）。也就是说，消费者在处理视觉信息时自发地生成与产品或公司相关的意象，并且在意象生成过程中利用品牌标识形状激活相关联想。

在零售业，当产品在物理环境中不存在时，网上购物者可以依靠产品图片来获取产品信息，有用的产品图片允许消费者对产品及其功能产生详细的视觉意象，与纯白色背景相反，具有合适上下文背景的产品图片更有利于增加这种视觉意象，进而促进消费者对产品的喜好和购买意愿，只要通过视觉意象产生的积极影响超过相关摄影成本，在线零售商就可以充分利用产品图片中的上下文背景来提高消费者对其商品的评价（Yoo and Kim，2014；Maier and Dost，2018）。而且旅游领域的相关研究表明，消费者可以通过将度假目的地的各种图片与他们先前的经验相结合来产生度假体验（Olson，McAlexander and Rovert，1986），即旅游广告中具体图片引发的视觉意象可以增强消费者的行为意愿（Miller and Stoica，2003）。另外，在新产品构思过程中，通过"想象视觉意象"将终端用户结合在一起可以提高产品的整体效用（Batson et al.，2007；Chartrand and Bargh，1999），从而增强认知灵活性，进而提高结果的独创性（Herd，Ravi and Stacy，2018）。

无论信息来源如何，个体视觉意象的唤起都有助于改善各种结果，包括注意力（Feiereisen et al.，2008）和记忆（Mikhailitchenko et al.，2009），以及认知（信任、广告或品牌记忆、广告或品牌态度）（Aydinoğlu and Cian，2014；Babin and Burns，1997；Feiereisen et al.，2008；Gavilan et al.，2014；Mikhailitchenko et al.，2009）、情感（积极情感）（Yoo and Kim，2014）和行为反应（购买意向）（Argyriou，2012；Gavilan et al.，2014；Khrouf and Frikha，2016；Yoo and Kim，2014）等。

3.2 图式理论

3.2.1 图式理论的内涵

图式是储存在个体大脑里的一个知识框架，代表一个话题、概念或者一种特殊刺激的信息，以及这些信息的属性和属性之间的关系（Fiske and Linville，1980）。影响个体图式认知的信息处理图式主要包括基于记忆的图式和基于刺激的图式（Sujan，1985；Meyers and Tybout，1989）。基于记忆的图式指的是期望与信念的组织图式，可以影响个体大脑中现有的知识结构的感知、想法和行为。基于刺激的图式指的是个体大脑外部传入的信息结构，以及它如何组织和呈现给个体。消费者对不同的产品、品牌或广告等具有不同的记忆图式，这些图式指导消费者随后的信息获取和处理行为。消费者对刺激图式所描述的新信息的反应取决于信息与消费者原有图式的一致性，当输入基于刺激的图式与消费者记忆的图式一致时，就会出现图式的一致性，从而方便消费者的判断。相反，当输入的信息是相对整体的或与特征无关时，基于刺激的图式无法与记忆的图式匹配，就会出现图式不一致的情况，消费者需要花费更多的精力来整合这两种图式（Huang et al.，2013）。

3.2.2 图式理论在消费者行为领域中的应用

消费者在图式中组织信息，即代表特定领域的先验知识的认知结构（Fiske，1982，1986；Fiske and Taylor，1991）。这些结构使消费者能够对各种领域形成既定的期望，并以此来处理和检索信息，为其决策提供参考（Sujan and Bettman，1989）。营销环境中最突出的图式类型涉及消费者对品牌联想（品牌图式）、广告特征（广告图式）和产品类别结构（产品类别图式）的心理表征（Halkias，2017）。图式理论揭示了消费者对产品偏离图式驱动的预期如何影响他们对产品评价的重要见解（Meyers-Levy and Tybt，1989）。

（1）图式一致性

图式一致性反映了产品或品牌的特征与这些产品或品牌的记忆图式的匹配性，这归因于个体情感从图式到特定对象的转移。如果刺激图式与消费者的预期相一致，他们就不太可能思考这种状况可能存在的原因。在一致性的情况下，刺激图式是相对比较容易理解的，因此，很有可能导致温和的积极情绪（Louie and Curren，1994）。Yoon（2013）也认为一致性的刺激会导致可预见的结果，引起熟悉的感觉，从而带来积极的情绪。以往研究还表明，对象与图式的一致性程度会影响消费者对该对象的评价，当消费者感知到对象与图式之间的匹配或不匹配时，就会产生一定的满意感或者沮丧感，进而影响消费者对该产品或品牌个性的评价（Mandler，1982）。

图式理论已经被用来检验新产品（Meys-Levy and Tybt，1989）和产品代言（Lee and Thorson，2008）。一个新的信息，如广告（Stoltman，1991），或名人的品牌延伸，可以激活消费者的记忆图式，他们会根据激活的图式来评估新产品，这是因为记忆图式包含先前曝光的广告、名人和产品类别的聚合信息（Stoltman，1991）。因此，观众的广告反应是基于广告中的暗示是否符合他们现有图式的预期。图式一致性理论适合于评价名人及其代言的品牌产品的广告，是因为它捕捉到了消费者如何根据已经形成的名人模式来处理广告中的信息。

此外，图式一致性理论为解释名人与品牌延伸之间的一致性效应提供了一些优势。也就是说，图式允许有重点的处理，并强调实体之间的关系作为意义的基础（Brewer and Nakamura，1984）。图式一致性还解释了消费者如何通过对新信息进行分类并根据其对激活类别的预期进行评估来处理新信息（Hastie，1981；Srul et al.，1985）。

（2）图式不一致性

Mandler（1982）的理论认为，图式一致的刺激是可预测的，而且易于处理。它们不会刺激额外的兴奋，一般只会导致轻微的反应，相当于基本的好感。相反，图式不一致的刺激增加了个体的认知觉醒，因为他们试图适应差异。在适度不一致的情况下，个体更有可能解决这一问题，从而导致元认知的满足感体验，增强评价的可得性（Meyers and Tybt，1989）。然而，当这种不一致是极端的时候，个体就不太愿意投入额外的认知资源，以适应严重差异化的信息。不一致问题就得不到解决，个体的评价性反应相对减少。美学设计方面的研究表明，个体有动机解决图式的不一致，Harkler 和 Childers（1992）指出，不一致情况会引起个体的注意，并试图寻找合理的解释来解决不一致的问题，而这一解决过程往往是富有情感意义的（McQuarrie and Mick，1992），甚至是有趣的。也就是说，当个体能够解决不一致（适度不一致的情况）时，不一致会引起强烈的积极情绪，因为解决不一致意味着一个人的认知能力足以应付这种情况，这是一种愉快的经历（Halkias and Kokkinaki，2011；Jurca and Madlberger，2015）。Lanseng 和 Olsen（2012）指出，成功地解决不一致与成就感和满足感是相关的，因为解决的过程会产生新发现和新洞察力。但是，当个体无法解决不一致（强烈不一致的情况）时，不一致很可能会引发负面情绪，因为不能处理不一致意味着一个人的认知能力不足，这是一种不愉快的经历，个体因而感到烦躁（Jurca and Madlberger, 2015）、困惑和沮丧，并产生无助感（Fleck and Maille, 2010；Yoon, 2013）。

另外，Goodstein（1993）发现消费者普遍关注与他们的记忆图式不太一致的广告，类似地，Ozane, Brucks 和 Grewal（1992）发现当消费者对与预先存在的记忆模式不一致的新产品进行分类时，他们会花费更多的时间和精力来请求和处理这种适度不一致的产品信息，而不是针对一致的和极其不一致的信息。在少数几个有关品牌不一致的研究中，Torn 和 Dahlen（2008, 2012）发现，广告和品牌评价在一致性广告和不一致广告中没有显著差异。在类似的背景下，他们还发现，与一致的广告相比，不一致的广告降低了广告可信度，导致广告态度不那么好。相反，在品牌不一致的情况下，品牌态度反而得到了增强。同样，广告修辞学方面的研究表明，使用适度模棱两可和不一致的修辞格（如错位和隐喻）可以提高广告的审美价值，并创造出比完全直截了当或极端修辞性的广告信息更有吸引力的价值（McQuarrie and Mick, 1992；Phillips and McQuarrie, 2009）。总之，不一致但可解决的广告信息应该会对消费者的态度产生额外的积极影响，尽管这将随着信息的极端差异而被消除。

3.3 感知一致性理论

3.3.1 感知一致性理论的内涵

感知一致性在消费者行为领域是一个非常重要的变量（Loken, 2006），Mandler（1982）将感知一致性界定为两个或多个构念之间的良好对应关系。感知一致性意味着两个对象很好地结合在一起的事实，表示对象之间的适合度、匹配性以及关联性等（Maille and Fleck, 2011），一般可以为消费者提供更加明确的信息，例如品牌联盟（品牌之间的感知一致性）、赞助（品牌与事件之间的感知一致性）、广告代言（品牌与名人之间的感知一致性）、品牌延伸（品牌与新产品之间的感知一致性）以及产品、广告或品牌标识的设计（产品、广告或品牌标识与品牌之间的感知一致性）（Fleck and Maille，2010）。很多营销学方面的文献表明，感知的一致性有助于消费者更好地理解和记忆不同构念之间的相互关系，从而带来更积极的评价（Russell，2002；Astous，Colbert and Fournier，2007；Cian，Krishna and Elder，2014；Kraus and Gier，2017）。Labroo，Dhar 和 Schwarz（2008）也指出视觉刺激与感知对象特征的一致性会带来更积极的评价，例如，被与狗相关词汇启动的消费者要比被与猫相关词汇启动的消费者对有狗的图像的产品包装做出更积极的评价。

本书比较关注的是品牌标识这种视觉刺激与品牌特征的感知一致性是否也会带来积极的消费者评价。品牌标识是品牌身份的象征，是品牌知识传播的最具代表性的元素（Girard et al.，2013）。因此，品牌与其标识之间的感知一致性是传达品牌定位和品牌特征信息的关键因素。因为一致性意味着品牌与其标识这两个元素之间的相似性和匹配性，能够带来更大的吸引力（Dahlén and Lange，2004）。值得注意的是，品牌的不同类型的标识与品牌之间的感知一致性也会存在一定的差异，品牌在更换标识时需要慎重评估标识与品牌之间一致性的程度问题，从而促进消费者对新标识的接受和处理意愿（Alden et al.，2000；Grobert，Cuny and Fornerino，2016）。

3.3.2 品牌标识与品牌感知一致性在消费者行为领域中的应用

关于品牌标识与品牌感知一致性的文献研究在第二章中已经做了部分介绍，这一小节主要针对近几年的相关文献进行详细的说明。品牌标识与品牌感知一致性能够影响到消费者一些具体的态度和行为意愿表现，最近的关于品牌标识与品牌感知一致性的文献研究大多从品牌态度和购买意愿及行为两个方面展开。

例如，品牌标识的动态性与品牌特征的一致性会积极影响消费者的品牌评价，而且这一效应受到消费者视觉加工流畅性的影响（Cian，Krishna and Elder，2014）。Bajaj 和 Bond（2018）发现对称性的品牌标识对品牌刺激个性感知的影响是消极的，对于刺激个性定位的品牌，使用不对称的品牌标识会导致更好的品牌形象评价。此外，圆形的品牌标识要比方形的品牌标识引发更多的有关舒适性的感知，更容易让消费者感觉品牌对客户更敏感，而方形的品牌标识要比圆形的品牌标识引发更多的有关耐用性的感知。当品牌的广告信息与品牌标识同时呈现时，如果品牌标识的形状与产品广告强调的产品属性相匹配，消费者对品牌产品的属性评价会更好（Jiang，Galli and Chattopadhyay，2016）。

另外，Sharma 和 Varki（2018）指出，除了审美偏好，品牌标识设计过程中增加一些活动空白区域更多的是为了彰显品牌的个性特征，由于这类品牌标识设计特征能够增强品牌沟通的清晰度并满足消费者排他性和自我表达等象征性需求，这类品牌标识最适合成熟个性的品牌，而与粗野个性品牌的共同特征最少。因此，成熟个性的品牌使用有活动空白区域的品牌标识时会更有利于消费者的品牌评价。Luffarelli，Mukesh 和 Mahmood（2019）证实了品牌标识的描述性特征可以与品牌一致性进行关联，因为有更多描述性的品牌标识可以唤起更多的与品牌有关的联系从而导致更高的感知一致性，进而产生更好的消费者反应。

此外，品牌标识与品牌感知一致性还有可能会影响消费者的支付意愿和购买意愿。例如，对于强势的品牌来说，品牌标识放在产品较高处的位置而不是产品较低处的位置会更有利于促进消费者的支付意愿和购买意愿；相反，对于弱势品牌来说，品牌标识放在较低处的位置而不是产品的较高处位置会更有利于促进消费者的支付意愿和购买意愿，这是因为品牌标识与品牌特征感知的一致性会提高消费者的加工流畅性，进而带来积极的品牌偏好，并将这种偏好转移到具体的支付和购买意愿上（Sundar and Noseworthy，2014）。

4 研究一：品牌标识自然性对品牌
个性感知的影响

4.1 研究目的

在上述文献综述和相关理论梳理的基础上，为了清晰地解答不同自然性水平（低自然性 vs. 高自然性）的品牌标识对品牌个性特征解读有何差异化影响，本书开展了研究一。具体来说，研究一主要关注的问题是：品牌标识自然性对品牌刺激个性感知有何差异化影响，及其背后的逻辑即中介机制和可能的边界条件。

4.2 理论推演和假设提出

4.2.1 品牌标识自然性对品牌刺激个性感知的影响

高自然性视觉设计表现形式是对自然物象进行忠实的再现和模仿（Landry，1998；Henderson and Cote，1998），非常直观和生动形象，消费者对这类视觉呈现方式的认知只需要较低的努力（Hynes，2009；Joana et al.，2015）。而且由于视觉加工的流畅性（Joana et al.，2015；Wang et al.，2017），传统的关于视觉自然性的研究都提倡品牌的广告和包装设计等应该尽可能自然（Torres et al.，2019）。但是，一种类型的品牌标识通常不会只存在单一的影响（Hagtvedt，2011）。高自然性的视觉设计表现形式可能在传递熟悉意义方面具有优势，然而，高自然性的品牌标识图形一般只能产生较少的视觉唤醒，引发较少的认知探索（Pracejus et al.，2006；Machado et al.，2018；Mahmood et al.，2019）。当看到这类标识时，消费者心理上很难将其与新奇和独特等概念进行关联（Dahl et al.，1999），更不容易将使用这类标识的品牌想象为大胆的、富有想象力的、敢于冒险的以及潮流品牌（Aaker，1997；Ahluwalia，Burnkant and UnNava，2000）。因此，高自然性的品牌标识可能在彰显品牌刺激个性（excitement）特征方面并不具备优势。

此外，高自然性的视觉呈现方式是对现实中观察到的自然物象原始形式进行一种熟悉的再现（Henderson and Cote，1998），很容易导致消费者在根据品牌标识视觉信息推断品牌所属的个性特征时，受到品牌标识图案具体内容（如狼、虎、豹等）隐含意义的干扰。而相对高自然性视觉设计表现形式的直观性，低自然性的视觉设计表现形式通常并没有明确的指示对象，是对自然物象的本质特征进行提炼和概括甚至创造出一种新的观念符号（Joana et al.，2015；Wang et al.，2017），使消费者很难直接辨别物象的原始特征和意义。在根据品牌标识视觉线索解读品牌个性特征时，这类品牌标识图案具体内容的隐含意义对消费者的干扰相对较小（Henderson and Cote，1998），消费者更多的是根据低自然性的视觉呈现方式这种设计特征来推断和评价品牌的个性特征。而且这种视觉呈现方式与消费者脑海中储存的自然物象的原始特征通常不太一致，这种不一致会导致较高的视觉唤醒，促进消费者投入更多的认知资源来对这类品牌标识传递的视觉信息和品牌属性信息进行深入的分析加工（Blijlevens，Carbon，Mugge and Schoormans，2012），并触发与新奇和独特等有关概念的联想（Dahl et al.，1999），进而促进消费者将这些联想转移到品牌标识所属的品牌个性特征上（Bettels and Wiedmann，2019）。因此，低自然性的品牌标识更容易促进消费者将使用这类标识的品牌想象成敢于打破常规和冒险的、富有想象力的以及新潮的（Robert，2014；Luffarelli et al.，2019），即品牌更符合刺激个性特征。综上，假设如下：

假设 1：相对于高自然性的品牌标识，低自然性的品牌标识对品牌刺激个性感知的影响更积极。

4.2.2　品牌标识创造性感知的中介作用

消费者会对自然物象存在先验的知识结构，即图式（Mandler，1982），这些图式能够形成消费者对自然形态领域的既定期望，并以此来处理和检索信息（Meyers-Levy and Tybt，1989；Joan and Alice，1989）。高自然性的品牌标识是对现实事物的复制品（Henderson and Cote，1998），与消费者脑海中储存的这些事物的图式是比较一致的（Yoon，2013；Joana et al.，2015）。这种一致性的图式反映了品牌标识的视觉设计特征与消费者脑海中储存的表达对象的记忆图式的匹配性，一般不会引起更多的认知需要，消费者对此类信息的加工流畅性较高（Cian，2015，2017）。但是，这类品牌标识未免乏味，（Henderson and Cote，1998；Henderson et al.，2003），很难激活与新奇和独特等有关概念的联想（Dahl et al.，1999）。

相对高自然性的品牌标识的直观性，低自然性的品牌标识通常并没有明确的指示对象（Henderson and Cote，1998）。也就是说，低自然性的视觉设计表现形式与消费者脑海中储存的自然物象的记忆图式不太一致。现有研究表明，个体有动机解决适度的图式不一致，并试图寻找合理的行为反应来解决不一致的问题，从而寻求元认知体验的满足感（McQuarrie and Mick，1992；Ozane，Brucks and Grewal 1992）。而且适度的不一致会增加消费者的认知觉醒（Jurca and Madlberger，2015；Halkias et al.，2017；Harkler and Childers，1992），使其意识到低自然性的视觉线索是新奇的和独特的（Roehrich，2002），即唤起消费者对创造性（Acar et al.，2017；Goldenberg et al.，1999）的感知。

品牌标识的创造性（creativity）意味着一个品牌的标识区别于其他品牌标识的新奇、创意感和原创性（Acar et al.，2017；Goldenberg et al.，1999），表明品牌的标识不是明显的复制品（Luffarelli et al.，2019）。相对于高自然性视觉设计表现形式的品牌标识，低自然性视觉设计表现形式的品牌标识更容易吸引消费者对品牌的关注（Rubera et al.，2010；Brand，2015）并激活其对创造性的感知，进而这种感知通过意象生成过程影响消费者对品牌属性的判断（Jiang et al.，2016），促使品牌被想象为更加富有想象力、敢于打破常规、时尚和独特，这些特征与品牌的刺激个性更加一致（Nguyen et al.，2016）。综上，假设如下：

假设2：相对于高自然性的品牌标识，低自然性的品牌标识会让消费者感觉创造性更强，进而认为使用这类标识的品牌更符合刺激个性特征。

4.2.3 产品类型的调节作用

现有的营销学文献研究表明，品牌标识的视觉呈现方式会影响消费者对品牌个性的感知（Cian，Krishna and Elder，2014；Van and Das，2016；Bettels and Wiedmann，2019），这种作用路径不仅与品牌的特定属性有关（Tatiana et al.，2016），而且还可能会受到公司产品类型的影响（Ryan and Noelle，2016；Rahinel and Nelson，2016）。因为消费者在根据品牌标识的视觉线索来推断品牌的个性特征时，通常还会参考品牌标识载体（产品）的相关属性（Nazuk and Sajeev，2018）。例如，对于同种功能的产品（鞋），如果品牌管理者想要突出鞋的舒适性特征，那么可以考虑使用圆形的品牌标识来诱导消费者产生与舒适性一致的心理意象，进而促进消费者联想到该品牌对客户比较敏感（Jiang et al.，2016）；如果品牌管理者想要突出鞋的耐用性特征，那么可以考虑使用角形的品牌标识来诱导消费者产生与耐用性一致的心理意象，进而促进消费者联想到该品牌比较强韧（Jiang et al.，2016）。据此，本书推断消费者对品牌个性的感知不仅受到品牌标识自然性水平（低自然性 vs. 高自然性）的影响，而且还需要参考品牌标识载体（如产品）的属性信息。

根据加工材料成分属性的差异，产品可以分为自然（natural）成分产品和人造（man-made）成分产品（Rozin et al.，2004）。其中，自然成分产品主要取材于自然界中已有的且不改变其自然属性的材料，而人造成分产品主要取材于仿制自然材料的人造材料，或者新造出的自然界中不存在的材料（张军，2007；姬瑞海，2010）。一般来说，自然成分的产品主要传达产品的自然属性，通常是为了满足消费者亲近自然诉求的产品，如木制品、棉麻制品、纯植物精华产品以及天然食品等（Rozin et al.，2004；Overvliet et al.，2010，2015；Gomez，2015）；人造成分产品主要传达产品的体验价值，通常是指为了满足消费者独特性的感官体验需求的产品，如自然属性较低的人造成分产品（加工品）、玻璃制品、家用电器、数码产品以及现代车品等（Rozin et al.，2004；Overvliet et al.，2010，2015；Gomez，2015）。

与自然成分产品强调无人为干预的诉求一致，高自然性视觉设计表现形式的品牌标识尽可能地描绘自然形态的原形，二者都不希望有太多人为创造的成分，这与刺激个性品牌努力传播的大胆、时尚、富有想象力以及新潮等特征并不是很匹配。因此，我们预计，高自然性的品牌标识与自然成分产品的匹配对品牌刺激个性感知的影响并不是很理想。

人造成分产品应用范围越来越广泛，增加了消费者选择的多样性（Krista and Salvador, 2011）。消费者在评价人造成分产品时，会重点关注这类产品是否能够满足他们独特的感官体验需求（Overvliet et al., 2010, 2015）。也就是说，消费者会更加重视人造成分产品是否具有与普通自然成分产品不太一样的感官体验，从而能够帮助他们表达独特的自我（Hemmerling, Canavari and Spiller, 2016）。此外，琳琅满目的人造成分产品的出现，意味着生产工艺的革新和时代的发展潮流（Magnier, 2016），这与低自然性视觉设计表现形式的品牌标识追求创造性表达的精神更加匹配。据此，我们预计，创造性感知更强的低自然性视觉设计表现形式的品牌标识可能更适合人造成分产品。这种匹配意味着如果人造成分产品选择低自然性的品牌标识，会促进消费者对这类品牌标识视觉信息加工的流畅性（Martindale, 1990；Schwarz, 2004），进而带来更积极的品牌认知和评价（Lee, 2004；Grewal et al., 2019）。因此，假设如下：

假设 3：相对于自然成分产品，人造成分产品与低自然性品牌标识的匹配会对品牌刺激个性的感知产生更积极的影响。

4.3　研究方法与结果分析

在上述相关文献回顾和理论梳理的基础上，为了检验品牌标识自然性对品牌个性感知的影响，研究一共实施了一个预测试和三个正式研究。其中，预测试是为了检验消费者对不同自然性水平（低自然性 vs. 高自然性）品牌标识的正确分类；研究 1a 初步探索品牌标识自然性对品牌刺激个性感知是否存在差异化的影响；研究 1b 深入探索品牌标识自然性对品牌刺激个性感知影响的中介机制；研究 1c 进一步考察了产品类型（自然成分产品 vs. 人造成分产品）在品牌标识自然性对品牌刺激个性感知的影响过程中的调节作用。

4.3.1 研究 1a：品牌标识自然性对品牌刺激个性感知的影响

4.3.1.1 预测试：品牌标识的分类

在正式开始检验研究一的相关假设之前，我们进行了一项预测试，即考察消费者对品牌标识的正确分类。参考 Henderson 和 Cote（1998）的研究中对品牌标识自然性的界定：与自然物象原形高度相似的品牌标识是高自然性的标识，反之，则是低自然性的标识，我们期望消费者能够很好地区分这两类不同自然性水平（低自然性 vs. 高自然性）的品牌标识。

（1）实验设计

具体来说，我们预先选取了 7 组品牌标识（其中，第一组是相机图案标识，第二组是奶牛图案标识，第三组是皇冠图案标识，第四组是小树图案标识，第五组是茶叶图案标识，第六组是蝴蝶图案标识，第七组是荔枝图案标识），每组都包含高自然性和低自然性这两种表现形式的品牌标识，一共 14 个品牌标识。为了确保对品牌标识操纵的纯粹性和干净，本书所选取的品牌标识（包括真实品牌和虚拟品牌的标识，其中，虚拟品牌的标识由专业的美工进行设计和编辑）只保留其一般图形特征，几乎不包含任何字体等其他视觉元素。而且为了减少颜色的干扰，除了相机图案（为了排除真实品牌标识颜色的干扰）和蝴蝶图案标识（为了检验去色情景下消费者对品牌标识类别的判断是否会受到影响），其他组别的品牌标识颜色基本与表达对象的本色一致。预测试的有效被试 476 名，其中，男性 189 人，占比 39.7%，平均年龄 25.0 岁，被试们主要来自在校大学生，均参与网上实验。为了将这些品牌标识分为高自然性的和低自然性的，被试们被随机分配到 14 个品牌标识中，并要求阅读相关题项后选择最能代表他们观点的数字。

（2）结果分析

通过数据分析，我们发现每个品牌的高自然性组品牌标识与其低自然性组品牌标识在自然性这个维度上的得分是存在显著差异的（$M_{高1} = 4.68 > M_{低1} = 3.56$（$t(1, 66) = 9.411$, $p < 0.01$）；$M_{高2} = 4.85 > M_{低2} = 3.76$（$t(1, 66) = 11.313$, $p < 0.01$）；$M_{高3} = 4.82 > M_{低3} = 3.65$（$t(1, 66) = 11.055$, $p < 0.01$）；$M_{高4} = 4.85 >$

$M_{低4} = 3.68$（t（1，66）$= 11.518$，$p<0.01$）；$M_{高5} = 4.76 > M_{低5} = 3.59$（$t$（1，66）$= 10.402$，$p<0.01$）；$M_{高6} = 4.65 > M_{低6} = 3.53$（$t$（1，66）$= 9.291$，$p<0.01$）；$M_{高7} = 4.88 > M_{低7} = 3.74$（$t$（1，66）$= 12.062$，$p<0.01$）（如图4-1所示）。这一结果与我们在前文中对品牌标识自然性的阐述是一致的，即品牌标识自然性反映了品牌标识对客观自然物象原形的描绘程度，程度越高，品牌标识自然性水平越高；反之，品牌标识自然性水平越低。根据预测试的研究结果，本书发现，消费者能够明确地区分高自然性的品牌标识和低自然性的品牌标识之间的差异。因此，后面几个研究所选取的品牌标识直接来自预测试中的测试材料（相机图案标识用于实验1，奶牛图案标识用于实验2，皇冠图案标识用于实验3，小树图案标识用于实验4，茶叶图案标识用于实验5，蝴蝶图案标识用于实验6，荔枝图案标识用于实验7）。为了确保不同被试对品牌标识自然性水平的区分是一致的，我们会在每个实验中附加一条问项（该品牌标识的自然性，1=非常低，7=非常高），要求被试将品牌标识评定为高自然性的或低自然性的。

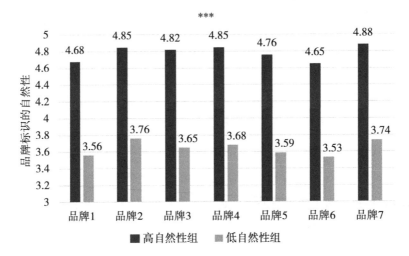

注：＊＊＊表示 $p<0.01$。

图 4-1　预测试结果

4.3.1.2　实验 1

预测试证实了消费者对不同自然性水平（低自然性 vs. 高自然性）的品牌标

识的分类是准确的，接下来，实验 1 将检验品牌标识自然性对品牌刺激个性感知的影响是否存在显著差异，即检验研究一的主效应。

（1）实验设计

实验 1 以真实品牌为例，主要采取情景实验的方法来尝试检验研究一的主效应。具体来说，实验 1 选取的是一组 ins 社交平台的新旧品牌标识，该品牌的新旧品牌标识上都有一个相机图案（见附录 1：研究 1a 实验材料）。实验 1 的有效被试 72 名，其中，男性 39 人，占比 54.2%，平均年龄 24.6 岁。参与实验的被试被随机分配到同一品牌的不同自然性水平（低自然性 vs. 高自然性）的品牌标识组别中，这些品牌标识都是在预测试中经过可靠的测试和数据分析进行分类的，虽然样本数据可能有变化，但并不影响被试们对这些品牌标识的辨别。并且，为了确保不同样本对两类不同自然性水平的品牌标识的区分与预测试的结果一致，我们还在每个问卷中附加测试了被试对品牌标识的分类。

首先，被试被告知下面是 ins 社交平台的品牌标识，请观看后根据陈述，从 1（非常不同意）到 7（非常同意）中选择最能表明你的观点的数字，来报告你对品牌个性的感知。具体来说，被试们要报告他们感知到的品牌的刺激（Cronbach's α = 0.95）／纯真（Cronbach's α = 0.93）／能力（Cronbach's α = 0.93）／成熟（Cronbach's α = 0.91）／粗犷（Cronbach's α = 0.90）个性处于哪个水平，品牌个性量表参考 Arker（1997）的研究。其次，被试们还需要报告他们对品牌标识是否适合该品牌的看法，我们原本假定本实验涉及的品牌标识能够给消费者提供足够的信息来帮助他们识别品牌的个性，但是实验开展很重要的一个前提是，需要用数据来检验消费者对所选取的品牌标识类型是否适合品牌做出基本判断，因此，本实验还添加了一个题项"这个品牌标识很适合 ins 社交平台"。再次，本实验为了排除消费者对品牌标识设计基本态度的干扰，还测试了被试们对两种不同自然性水平（低自然性 vs. 高自然性）的品牌标识的态度，要求被试们用 7 点语义量表报告他们对品牌标识的熟悉度、美感、喜爱度和复杂度。最后，在问卷的最后面，要求被试填写人口统计变量，等被试将问卷填写完毕后，实验人员对被试们一一表示感谢。

（2）实验结果

操控检验：实验 1 主要是对品牌标识类型进行了操控检验，与预测试一致，本实验首先让被试充分了解自然性的定义，然后让被试判断品牌标识的所属类别，得分越高，品牌标识越偏向于高自然性的；反之，则越偏向于低自然性的。数据结果表明，$M_{高} = 4.86 > M_{低} = 3.78$（$t(1, 70) = 11.852$，$p < 0.01$），说明高自然性标识的得分显著高于低自然性标识的得分，即本实验对品牌标识类型操控成功。

实验材料合适度检验：如前文所述，实验 1 需要检验所选的品牌标识类型在被试看来是否符合品牌现实情景，从而有利于他们对品牌个性的解读。我们采用单样本 t 检验来检验这种效果，因为实验中的题项基本上都是采用 7 点李克特量表，所以我们选择了均值得分与量表中的中位数 4 来做比较。数据表明，被试认为品牌标识符合品牌现实情景的均值 $M_{合适度} = 5.25$（$t(71) = 24.324$，$P < 0.01$）> 4，证实了本实验选用的一组品牌标识比较适合 ins 这种社交平台。

假设检验：我们将品牌标识自然性作为自变量，将品牌刺激个性作为因变量，进行了单因素方差分析，来检验假设 1。数据表明，品牌标识自然性对品牌刺激个性感知的影响是存在主效应的（$F_{刺激}(1, 70) = 8.311$，$p < 0.01$，偏 $\eta^2 = 0.106$），如表 4-1 所示。

表 4-1　品牌标识自然性水平对品牌刺激个性感知影响的主效应（实验 1）

	平方和	df	均方	F	显著性
组间	3.230	1	3.230	8.311	0.005
组内	27.207	70	0.389		

具体来说，对品牌的刺激个性而言，$M_{高} = 3.79 < M_{低} = 4.22$（如图 4-2 所示）。这说明，不同自然性水平（低自然性 vs. 高自然性）的品牌标识对品牌刺激个性感知的影响是存在显著差异的，即相对于高自然性的品牌标识，低自然性的品牌

标识对品牌刺激个性感知的影响更积极。

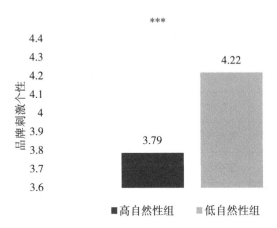

注：＊＊＊表示 $p < 0.01$。

图 4-2　品牌标识自然性对品牌刺激个性感知的影响（实验1）

此外，我们进一步检验了品牌标识自然性对其他几个维度的品牌个性感知的影响。结果发现，对于品牌个性的其他四个维度来说，这两组不同自然性水平（低自然性 vs. 高自然性）的品牌标识带来的影响不存在显著差异（ $F_{纯真}$（1，70）= 2.000，$p = 0.162 > 0.1$；$F_{能力}$（1，70）= 1.195，$p = 0.278 > 0.1$；$F_{成熟}$（1，70）= 1.891，$p = 0.173 > 0.1$；$F_{粗犷}$（1，70）= 1.724，$p = 0.194 > 0.1$）。因此，假设1得到充分的数据支持。

其他控制变量的检验：为了使品牌标识自然性对品牌个性感知的影响不受其他主观的对品牌标识设计基本态度的影响，我们对这一组控制变量进行了独立样本 t 检验。数据结果表明，不同分组的被试对两种不同自然性水平（低自然性 vs. 高自然性）品牌标识的熟悉度、美感、喜爱度和复杂度没有显著的组间差异（如表4-2所示）。而且为了进一步排除假设外的其他显著影响，我们还对这一组控制变量进行了细致的方差分析和回归分析，结果发现，这几个变量的主效应及其与自变量的交互效应都不显著，充分证实了品牌标识自然性对品牌刺激个性感知的差异化影响并不是因为被试们对品牌标识评价较高。

表 4-2　　　　　　　　　　实验 1 的其他测量变量的 t 检验结果

	测量变量	均值		t 值	p 值
		高自然性组	低自然性组		
实验 1	品牌标识态度 熟悉度	3.83	3.81	0.302	0.763
	美感	4.86	4.83	0.323	0.747
	喜爱度	5.11	5.03	1.390	0.169
	复杂度	4.36	4.25	1.016	0.313
	有效样本 n（%）	36（50）	36（50）	以上 df=70	

4.3.1.3　研究 1a 讨论

研究 1a 主要是检验品牌标识自然性对品牌个性感知的影响，实验 1 的数据结果表明，相对于高自然性的品牌标识，低自然性的品牌标识对品牌刺激个性感知的影响更积极，极好地检验了假设 1。此外，实验 1 的结果还表明，对于品牌个性的其他四个维度来说，这两组不同自然性水平（低自然性 vs. 高自然性）的品牌标识带来的影响不存在显著差异。这可能有如下的原因：（1）纯真个性意味着朴实、沉稳、诚恳和温暖，无论是高自然性的相机图案还是低自然性的相机图案都能让消费者感觉 ins 作为一种照片墙社交平台使用相机图案作为品牌标识比较踏实和沉稳；（2）可能自然性水平的高低并不是区分品牌可靠性、专业性以及自信程度（品牌能力个性）的有效指标（Olsen, Pracejus and O'Guinn, 2012）；（3）男人味的和粗野的是品牌粗犷个性的基本特征（Aaker, 1997），成熟个性（上层阶级和迷人）的品牌有助于满足消费者的一些象征性需求（Kim and Sung, 2013），而自然性似乎并不能很好地促进消费者将其与品牌成熟个性和粗犷个性特征进行关联（Sharma and Varki, 2018）。

值得注意的是，实验 1 中选取的品牌属于没有实体产品的品牌，那么对于有实体产品的品牌，研究 1a 中的结论是否依然成立还需要深入探讨。更重要的是，不同自然性水平的品牌标识对品牌刺激个性感知的影响为什么会有如此大的区别？其背后的解释机制是什么？这在研究 1a 中并未得到解答。因此本书开展了研究 1b，试图解开上述疑问。

4.3.2 研究 1b：品牌标识创造性感知的中介作用

研究 1a 中的实验证实了品牌标识自然性会对品牌刺激个性感知产生差异化的影响，但我们并没有检验这一效应的解释机制。研究 1b 尝试分析品牌标识创造性感知的中介作用。为此，研究 1b 一共实施了两个正式实验，基本思路是，先通过实验 2 来检验品牌标识创造性感知在品牌标识自然性对品牌刺激个性感知影响过程中的中介作用的存在，然后通过补充实验——实验 3 进一步排除品牌标识与品牌产品相关性（低 vs. 高）的干扰，来充分证实品牌标识创造性感知作为中介变量的合理性。

4.3.2.1 实验 2

实验 1 所选取的品牌并没有有形的产品，我们也只是简单地通过被试对不同自然性水平（低自然性 vs. 高自然性）的图形品牌标识的直观看法，来评价品牌标识所属的品牌个性特征。但是，我们期望研究 1a 中的结论具有普适性。而且为了探究研究 1a 中的结论的解释机制，我们认为应该从消费者对品牌标识的视觉感受差异这一角度入手，即检验品牌标识创造性感知的中介作用。

（1）实验设计

实验 2 以虚拟品牌"品冠乳业公司"为例，选取的是一组不同自然性水平（低自然性 vs. 高自然性）的"奶牛"图案（见附录 2：研究 1b 实验材料）品牌标识（与品牌产品高相关性），试图采用情景实验法来检验假设 1 和假设 2，即检验研究一的主效应和中介效应。实验 2 的有效被试共 86 名，男性 40 人，占比 46.5%，平均年龄 24.8 岁，均参加网上实验。

首先，被试们被随机分配到同一品牌的两种不同自然性水平（低自然性 vs. 高自然性）的品牌标识组别中，并告知他们这是一个名为"品冠"的乳业公司品牌标识，要求他们在观看相关品牌标识后回答一系列实验问题，主要是让被试们通过 7 点李克特量表来报告他们对品牌标识创造性感知以及品牌个性的看法。其中，品牌标识创造性（Cronbach's $\alpha = 0.80$）量表改编自 Acar 等

（2017）的研究，主要从新奇、创意感和原创性几个方面来测试被试对品牌标识的看法。此外，品牌个性的测量题项与研究 1a 中的一致。其次，被试还需要报告他们对品牌标识是否适合该品牌的看法，我们原本假定本实验涉及的品牌标识能够给消费者提供足够的信息来帮助他们识别品牌个性，但是实验开展很重要的一个前提是，需要用数据来检验消费者对所选取的品牌标识类型是否适合品牌做出基本判断，因此，本实验还添加了一个题项"这个品牌标识很适合品冠乳业公司"。另外，本研究为了排除消费者对品牌标识设计基本态度的干扰，还测试了被试们对两种不同自然性水平（低自然性 vs. 高自然性）的品牌标识的态度，即参考 Cian 和 Krishna（2014）的研究，要求被试用 7 点语义量表报告他们对品牌标识的熟悉度、美感、喜爱度和复杂度。最后，在问卷的最后面，要求被试填写人口统计变量，等被试将问卷填写完毕后，实验人员对被试们一一表示感谢。

（2）实验结果

操控检验：实验 2 主要是对品牌标识类型进行了操控检验，与预测试一致，本实验首先让被试了解自然性的定义，然后让他们判断品牌标识的所属类别，得分越高，品牌标识越偏向于高自然性的；反之，则越偏向于低自然性的。数据结果表明，$M_{高} = 4.86 > M_{低} = 3.74$（$t(1, 84) = 12.984$，$p < 0.01$），说明高自然性标识的得分显著高于低自然性标识的得分，即本实验对品牌标识类型操控成功。

实验材料合适度检验：如前文所述，实验 2 需要检验所选的品牌标识类型在被试看来是否符合品牌现实情景，从而有利于他们解读品牌的个性。我们采用单样本 t 检验来检验这种效果，因为实验中的题项基本上都是采用 7 点李克特量表，所以我们选择了均值得分与量表中的中位数 4 来做比较。数据表明，被试认为品牌标识符合品牌现实情景的均值 $M_{合适度} = 5.02$（$t(85) = 62.595$，$P < 0.01$）> 4，证实了本实验选用的一组品牌标识比较适合乳业公司这种品牌，即本实验选取的实验材料是比较符合要求的。

主效应检验：我们将品牌标识自然性作为自变量，将品牌个性作为因变量，进行了单因素方差分析，来试图检验假设 1。数据表明，品牌标识自然性对品牌刺激个性感知的影响是存在主效应的（$F_{刺激}(1, 84) = 9.046$，$p < 0.01$，偏 $\eta^2 =$

0.097），如表 4-3 所示。

表 4-3　品牌标识自然性水平对品牌刺激个性感知影响的主效应（实验 2）

	平方和	df	均方	F	显著性
组间	4.198	1	4.198	9.046	0.003
组内	38.980	84	0.464		

具体来说，对品牌的刺激个性而言，$M_{高} = 3.81$ vs. $M_{低} = 4.25$（如图 4-3 所示）。这说明，不同自然性水平（低自然性 vs. 高自然性）的品牌标识对品牌刺激个性感知的影响是存在显著差异的，即相对于高自然性的品牌标识，低自然性的品牌标识对品牌刺激个性感知的影响更积极。

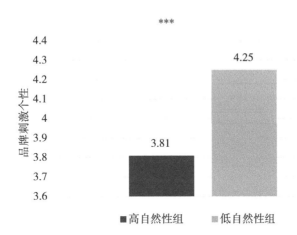

注：＊＊＊表示 $p < 0.01$。

图 4-3　品牌标识自然性对品牌刺激个性的影响（实验 2）

此外，我们进一步检验了品牌标识自然性对其他几个维度的品牌个性感知的影响。结果发现，对于品牌个性的其他四个维度来说，这两组不同自然性水平（低自然性 vs. 高自然性）的品牌标识带来的影响不存在显著差异（$F_{纯真}$（1，84）= 2.408，$p = 0.125 > 0.1$；$F_{能力}$（1，84）= 0.955，$p = 0.331 > 0.1$；$F_{成熟}$（1，

84）＝0.202，p＝0.654＞0.1；$F_{粗犷}$（1，84）＝0.739，p＝0.392＞0.1）。因此，假设1得到充分的数据支持。

　　品牌标识创造性感知的中介作用检验：根据假设2，品牌标识创造性感知可能会中介品牌标识自然性对品牌刺激个性感知的影响。中介效应检验程序如下：我们参考 Zhao 等（2010）提出的中介效应检验和分析程序，以及 Preacher 和 Hayes（2004）提出的一般中介效应分析模型（模型4）进行了 Bootstrap 方法的中介效应检验。具体来说，我们对 5000 个重复取样的样本进行自助法估计（Preacher and Hayes, 2004），证实品牌标识创造性感知中介了低自然性的品牌标识对品牌刺激个性感知的积极影响（β＝0.429，SE＝0.166，95% 置信区间：LLCL＝0.128，ULCL＝0.813），如图4-4所示。而且置信区间没有包含0，说明间接效应显著，因此，对低自然性的品牌标识而言，品牌标识创造性感知的中介效应存在，支持了假设2。

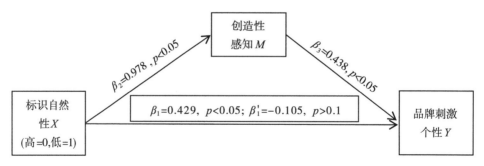

图 4-4　品牌标识创造性感知的中介作用路径分析图（实验2）

　　其他控制变量的检验：为了排除品牌标识自然性对品牌个性感知的影响不受其他主观的对品牌标识设计基本态度的影响，我们对这一组控制变量进行了独立样本 t 检验。数据结果表明，不同分组的被试对两类品牌标识的熟悉度、美感、喜爱度和复杂度没有显著的组间差异。此外，为了检验是否能够排除假设外的其他显著影响，我们进一步对这一组控制变量进行了细致的方差分析和回归分析，结果发现，这几个变量的主效应及其与自变量的交互效应都不显著（如表4-4所示），进一步证实了品牌标识自然性对品牌刺激个性感知的差异化影响并不是因为被试们对品牌标识评价较高。

表 4-4   **实验 2 中其他测量变量的 t 检验结果**

		测量变量	均值		t 值	p 值
			高自然性组	低自然性组		
	品牌标识态度	熟悉度	2.51	2.47	0.427	0.671
		美感	4.60	4.49	1.078	0.284
实验 2		喜爱度	4.67	4.72	−0.465	0.643
		复杂度	4.40	4.33	0.668	0.506
	有效样本 n（%）		43（50）	43（50）	以上 $df = 84$	

（3）实验 2 讨论

实验 2 初步验证了品牌标识创造性感知中介于品牌标识自然性对品牌刺激个性感知的差异化影响，数据分析结果充分支持了假设 2。实验 2 的另一个比较重要的作用表现在，在将品牌换成有实体产品的品牌，而且品牌标识与品牌产品之间存在高度相关性的情景下，品牌标识自然性对品牌刺激个性感知的影响仍然成立，即相对于高自然性的品牌标识，使用低自然性的品牌标识品牌让消费者感觉更符合刺激个性特征，假设 1 再次得到数据的支持，进一步提高了研究 1a 的结构效度。此外，实验 2 的结果还表明，对于品牌个性的其他四个维度来说，这两组不同自然性水平（低自然性 vs. 高自然性）的品牌标识带来的影响不存在显著差异。这可能是如下原因：（1）纯真个性意味着朴实、沉稳、诚恳和温暖，无论是高自然性的奶牛图案还是低自然性的奶牛图案都能让消费者感觉"品冠"作为一个乳业品牌使用奶牛图案作为品牌标识比较诚恳；（2）可能自然性水平的高低并不是区分品牌可靠性、专业性以及自信程度（品牌能力个性）的有效指标；（3）男人味的和粗野的是品牌粗犷个性的基本特征，成熟个性（上层阶级和迷人）的品牌有助于满足消费者的一些象征性需求，而自然性似乎并不能很好地促进消费者将其与品牌成熟个性和粗犷个性特征进行关联。

需要注意的是，实验 2 可能存在一定局限性。也就是说，虽然实验 2 通过严谨的中介效应检验方式检验了品牌标识创造性感知作为解释机制的合理性，但是其结果并没有排除一些其他可能的解释。尤其是当品牌标识类型与品牌产品相关性较低的情况下，上述效应是否存在，目前还不得而知，因此，我们继续开展了一个补充实验来尝试解开这个疑惑。

4.3.2.2 实验3

如前文所述，我们期望相对高自然性的品牌标识，消费者可能会感觉低自然性的品牌标识更具有创造性，进而认为对应的品牌更符合刺激个性特征。因此，实验3的主要目的是进一步检验品牌标识创造性感知作为中介机制的合理性，另外，不同于实验2采取的是一组与品牌产品高度相关的品牌标识，实验3选择一组与品牌产品相关性并不是太高的品牌标识。

（1）实验设计

实验3也是以虚拟品牌"品冠乳业公司"为例，选取的是一组不同自然性水平（低自然性 vs. 高自然性）的"皇冠"图案（见附录2：研究1b实验材料）品牌标识（与品牌产品低相关性），试图采用情景实验法来检验假设1和假设2，即检验研究一的主效应和中介效应。实验3的有效被试共88名，男性28人，占比31.8%，平均年龄24.2岁，均参加网上实验。

首先，被试们被随机分配到同一品牌的两种不同自然性水平（低自然性 vs. 高自然性）的品牌标识组别中，并告知他们这是一个名为"品冠"的乳业公司品牌标识，要求他们在观看相关品牌标识后回答一系列实验问题，主要是让被试们通过7点李克特量表来报告他们对品牌标识创造性感知以及品牌个性的看法。其中，品牌标识创造性（Cronbach's $\alpha = 0.80$）量表改编自 Acar 等（2017）的研究，主要从新奇、创意感和原创性几个方面来测试被试对品牌标识的看法。此外，品牌个性的测量题项与研究1a中的一致。其次，被试还需要报告他们对品牌标识是否适合该品牌的看法，我们原本假定本实验涉及的品牌标识能够给消费者提供足够的信息来帮助他们识别品牌个性，但是实验开展很重要的一个前提是，需要用数据来检验消费者对所选取的品牌标识类型是否适合品牌做出基本判断，因此，本实验还添加了一个题项"这个品牌标识很适合品冠乳业公司"。另外，本研究为了排除消费者对品牌标识设计基本态度的干扰，还测试了被试们对两种不同自然性水平（低自然性 vs. 高自然性）的品牌标识的态度，即参考 Cian

和 Krishna（2014）的研究，要求被试用 7 点语义量表报告他们对品牌标识的熟悉度、美感、喜爱度和复杂度。最后，在问卷的最后面，要求被试填写人口统计变量，等被试将问卷填写完毕后，实验人员对被试们一一表示感谢。

（2）实验结果

操控检验：实验 3 主要是对品牌标识类型进行了操控检验，与预测试一致，本实验首先让被试了解自然性的定义，然后让他们判断品牌标识的所属类别，得分越高，品牌标识越偏向于高自然性的；反之，则越偏向于低自然性的。数据结果表明，$M_{高}=4.55>M_{低}=3.57$（$t(1, 86) = 5.596$，$p<0.01$），说明高自然性标识的得分显著高于低自然性标识的得分，本实验对品牌标识类型操控成功。

实验材料合适度检验：如前文所述，实验 3 需要检验所选的品牌标识类型在被试看来是否符合品牌现实情景，从而有利于他们解读品牌个性。我们采用单样本 t 检验来检验这种效果，因为实验中的题项基本上都是采用 7 点李克特量表，所以我们选择了均值得分与量表中的中位数 4 来做比较。数据表明，被试认为品牌标识符合品牌现实情景的均值 $M_{合适度}=5.16$（$t(87) = 131.564$，$P<0.01$）> 4，证实了本实验被选用的一组品牌标识比较适合乳业公司这种品牌，即本实验选取的实验材料是比较符合要求的。

主效应检验：我们将品牌标识自然性作为自变量，将品牌个性作为因变量，进行了单因素方差分析，来试图检验假设 1b。数据表明，品牌标识自然性对品牌刺激性个性感知的影响是存在主效应的（$F_{刺激}(1, 86) = 7.533$，$p<0.01$，偏 $\eta^2=0.081$），如表 4-5 所示。

表 4-5　品牌标识自然性水平对品牌刺激个性感知影响的主效应（实验 3）

	平方和	df	均方	F	显著性
组间	2.308	1	2.308	7.533	0.007
组内	26.345	86	0.306		

具体来说，对品牌的刺激个性而言，$M_{高}=3.86$ vs. $M_{低}=4.18$（如图 4-5 所示）。这说明，不同自然性水平（低自然性 vs. 高自然性）的品牌标识对品牌刺

激个性感知的影响是存在显著差异的，即相对于高自然性的品牌标识，低自然性的品牌标识对品牌刺激个性感知的影响更积极。

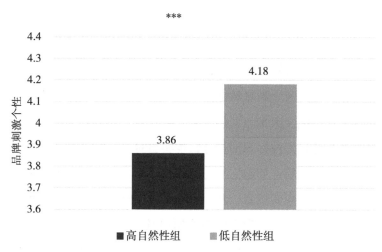

注：＊＊＊表示 $p<0.01$。

图 4-5 品牌标识自然性对品牌刺激个性的影响（实验3）

此外，我们进一步检验了品牌标识自然性对其他几个维度的品牌个性感知的影响。结果发现，对于品牌个性的其他四个维度来说，这两组不同自然性水平（低自然性 vs. 高自然性）的品牌标识带来的影响不存在显著差异（$F_{纯真}$（1，86）= 0.924，p = 0.339>0.1；$F_{能力}$（1，86）= 0.371，p = 0.544>0.1；$F_{成熟}$（1，86）= 0.882，p = 0.350>0.1；$F_{粗犷}$（1，86）= 0.123，p = 0.727>0.1）。因此，假设1得到充分的数据支持。

品牌标识创造性感知的中介作用检验：根据假设2，品牌标识创造性感知可能会中介品牌标识自然性对品牌刺激个性感知的影响。中介效应检验程序如下：我们参考 Zhao 等（2010）提出的中介效应检验和分析程序，以及 Preacher 和 Hayes（2004）提出的一般中介效应分析模型（模型4）进行了 Bootstrap 方法的中介效应检验。具体来说，我们对 5000 个重复取样的样本进行自助法估计（Preacher and Hayes，2004），证实品牌标识创造性感知中介了低自然性的品牌标识对品牌刺激个性感知的显著影响（β = 0.422，SE = 0.165，95%置信区间：LLCL = 0.123，ULCL = 0.807），如图4-6所示，而且置信区间没有包含0，说明间接效应显著，因此，对低自然性的品牌标识而言，品牌标识创造性感知的中介效应存在，支持了假设2。

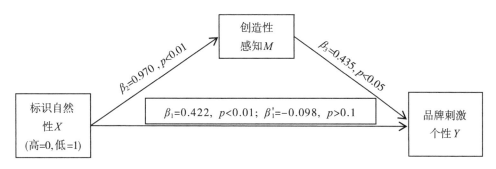

图 4-6 品牌标识创造性感知的中介作用路径分析图（实验3）

其他控制变量的检验：为了排除品牌标识自然性对品牌个性感知的影响不受其他主观的对品牌标识设计基本态度的影响，我们对这一组控制变量进行了独立样本 t 检验。数据结果表明，不同分组的被试对两类品牌标识的熟悉度、美感、喜爱度和复杂度没有显著的组间差异。此外，为了检验是否能够排除假设外的其他显著影响，我们进一步对这一组控制变量进行了细致的方差分析和回归分析，结果发现，这几个变量的主效应及其与自变量的交互效应都不显著（如表4-6所示），进一步证实了品牌标识自然性对品牌刺激个性感知的差异化影响并不是因为被试们对品牌标识评价较高。

表 4-6 　　　　　　　　　　　　实验 **3** 的其他测量变量 *t* 检验结果

		测量变量	均值		t 值	p 值
			高自然性组	低自然性组		
实验3	品牌标识态度	熟悉度	3.66	3.68	-0.224	0.823
		美感	4.05	4.02	0.582	0.562
		喜爱度	4.50	4.48	0.211	0.833
		复杂度	4.43	4.30	1.328	0.188
	有效样本 n（%）		44（50）	44（50）	以上 df $=86$	

（3）实验 3 讨论

实验 3 的数据分析结果表明，对皇冠这种与乳业公司相关性并不是很高的品牌标识，本研究的主效应依然成立，不仅重复了实验 2 的结论，也进一步排除了品牌标识与品牌产品之间相关性高低对品牌标识自然性对品牌刺激个性感知差异化影响的干扰。实验 3 的结果还表明，对于品牌个性的其他四个维度来说，这两组不同自然性水平（低自然性 vs. 高自然性）的品牌标识带来的影响不存在显著差异。这可能是如下原因：（1）纯真个性意味着朴实、沉稳、诚恳和温暖，皇冠图案看起来似乎与乳业品牌相关度比较低，但是很容易让人感觉皇冠上的珠宝象征着牛奶滴的品质，因此，无论是高自然性的皇冠图案还是低自然性的皇冠图案都能让消费者感觉"品冠"作为一种乳业品牌选择皇冠作为品牌标识比较真诚。（2）可能自然性水平的高低并不是区分品牌可靠性、专业性以及自信程度（品牌能力个性）的有效指标；（3）男人味的和粗野的是品牌粗犷个性的基本特征，成熟个性（上层阶级和迷人）的品牌有助于满足消费者的一些象征性需求，而自然性似乎并不能很好地促进消费者将其与品牌成熟个性和粗犷个性特征进行关联。

此外，实验 3 再次验证了品牌标识创造性在品牌标识自然性对品牌刺激个性感知影响过程中的中介作用的合理性，即进一步为本书的假设 2 提供了数据支持，从而提高了本书研究的外部效度。

4.3.2.3 研究 1b 讨论

研究 1b 的主要目的是检验品牌标识自然性对品牌刺激个性感知差异化影响的中介机制问题，并尽可能地排除一些其他可能的解释机制。其中，实验 2 是选取了一组与品牌高度相关的品牌标识来用成熟的中介检验方法检验品牌标识创造性感知的中介作用；然后，为了排除品牌标识与品牌产品相关性（低 vs. 高）可能会对品牌标识自然性效应产生的干扰，本书还实施了实验 3，进一步验证了研究一的主效应和中介效应。综上，研究 1b 的结果表明，品牌标识是一个有助于消费者解读品牌个性的关键视觉线索，相对于高自然性的品牌标识，低自然性的品牌标识更具有创造性，很容易让消费者联想到其所属的品牌符合刺激个性特征。

4.3.3 研究 1c：产品类型的调节作用

尽管研究 1a 和研究 1b 充分论证了品牌标识自然性对品牌刺激个性感知的差异化影响。但是，消费者对品牌个性的解读通常不会仅仅参考品牌标识所传递的视觉线索，还会关注品牌标识的载体——产品是否与品牌标识自然性相匹配。因此，我们继续开展了研究 1c，并借鉴以往关于产品自然性领域的相关研究（Rozin et al.，2004），采用情景实验的方法来检验产品类型（自然成分产品 vs. 人造成分产品）是否会调节品牌标识自然性对品牌刺激个性感知的差异化影响。

4.3.3.1 实验 4

将产品分为自然成分产品和人造成分产品可以基于两种分类方式，第一种是狭义的产品分类方法，依据产品的成分属性将产品分为纯自然成分的产品和纯人造成分的产品（Rozin et al.，2004；Gomez，2015），这是目前大多数研究最常用的分类方法，实验 4 正是基于这种常规的分类方法，探讨产品类型是否会调节品牌标识自然性对品牌刺激个性感知的差异化影响。

（1）实验设计

实验 4 以虚拟品牌"森记木制品餐具公司"和"艾格玻璃制品餐具公司"为例，选取的是一组不同自然性水平（低自然性 vs. 高自然性）的"小树"图案（见附录 3：研究 1c 实验材料）品牌标识，采取二因子的简单组间设计：2（品牌标识自然性：低 vs. 高）×2（产品类型：自然成分产品 vs. 人造成分产品），试图采用情景实验法来检验假设 1 和假设 3，即检验研究一的主效应和调节效应。实验 4 的有效被试共 184 名，男性 65 人，占比 35.3%，平均年龄 25.7 岁，均参加网上实验。

首先，对被试进行标准的操控，将他们随机分配到同一品牌的两种不同自然性水平（低 vs. 高）品牌标识以及不同产品类别（自然组：木碗 vs. 人造组：玻璃碗）中，然后告知被试这是一家木制餐具公司/玻璃餐具公司，并简单介绍木碗（玻璃碗）的产品特点。接着要求被试在观看相关品牌标识后回答一系列实验问题，主要是让被试们通过 7 点李克特量表来报告他们对这两款产品的看法，对产品属性的评价（Cronbach's α=0.83）参考了 Gomez（2015）的方法。此外，品牌个性的测量题项与研究 1a 中的一致。其次，被试还需要报告他们对该品牌标识对品牌适用性情况的看法，我们原本假定本实验涉及的品牌标识能够给消费者提供足够的信息来帮助他们识别品牌个性，但是实验开展很重要的一个前提是，需要用数据来检验消费者对所选取的品牌标识类型是否适合品牌做出基本判断，因此，本实验还添加了一个题项"这个品牌标识很适合木制品餐具公司/玻璃制品餐具公司"。再次，本研究为了排除消费者对品牌标识设计基本态度的干扰，还测试了被试们对两种不同自然性水平（低自然性 vs. 高自然性）的品牌标识的态度，即参考 Cian 和 Krishna（2014）的研究，要求被试用 7 点语义量表报告他们对品牌标识的熟悉度、美感、喜爱度和复杂度。最后，在问卷的最后面，要求被试填写人口统计变量，等被试将问卷填写完毕后，实验人员对被试们一一表示感谢。

（2）实验结果

操控检验：实验 4 主要是对品牌标识类型进行了操控检验，与预测试一致，本实验首先让被试了解自然性的定义，然后让被试判断品牌标识的所属类别，得分越高，品牌标识越偏向于高自然性的；反之，则越偏向于低自然性的。数据结果表明，$M_{高} = 4.84 > M_{低} = 3.73$（$t$（182）= 18.291，$p < 0.01$），说明高自然性品牌标识的得分显著高于低自然性品牌标识的得分，本实验对品牌标识类型操控成功。

此外，实验 4 中，在让被试充分了解自然成分产品和人造成分产品两种产品的定义和特点后，要求他们报告产品的归属水平，得分越高，越偏向于自然成分产品；得分越低，则越偏向于人造成分产品。数据结果表明，被试感知的产品得分 $M_{自然} = 5.14 > M_{人造} = 3.64$（$t$（182）= 33.159，$p < 0.01$），即方差分析的结果表明自然成分产品的得分显著高于人造成分产品的得分，与测试的预期比较一致。因此，本实验对产品类型的操控是成功的。

实验材料合适度检验：如前文所述，实验 4 需要检验所选的品牌标识类型在被试看来是否符合品牌现实情景，从而是否有利于他们解读品牌个性。我们采用单样本 t 检验来检验这种效果，因为实验中的题项基本上都是采用 7 点李克特量表，所以我们选择了均值得分与量表中的中位数 4 来做比较。数据表明，被试认为品牌标识符合品牌现实情景的均值 $M_{合适度} = 4.55$（t（183）= 14.923，$P <$

0.01）>4，证实了本实验选用的一组品牌标识比较适合餐具公司这种品牌，即本实验选取的实验材料是比较符合要求的。

主效应检验：我们将品牌标识自然性作为自变量，将品牌个性作为因变量，进行了单因素方差分析，来试图检验假设 1。数据表明，品牌标识自然性对品牌刺激个性感知的影响是存在主效应的（F（1，182）= 44.256，$p<0.01$，偏 η^2 = 0.196），如表 4-7 所示。

表 4-7　品牌标识自然性水平对品牌刺激个性感知影响的主效应（实验 4）

	平方和	df	均方	F	显著性
组间	9.136	1	9.136	44.256	0.000
组内	37.571	182	0.236		

具体来说，对品牌的刺激个性而言，$M_{高}$ = 3.97 vs. $M_{低}$ = 4.42（如图 4-7 所示）。这说明，不同自然性水平（低自然性 vs. 高自然性）的品牌标识对品牌刺激个性感知的影响是存在显著差异的，即相对于高自然性的品牌标识，低自然性的品牌标识对品牌刺激个性感知的影响更积极。

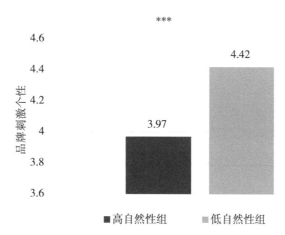

注：＊＊＊表示 $p<0.01$。

图 4-7　品牌标识自然性对品牌刺激个性的影响（实验 4）

此外，我们进一步检验了品牌标识自然性对其他几个维度的品牌个性感知的影响。结果发现，对于品牌个性的其他四个维度来说，这两组不同自然性水平（低自然性 vs. 高自然性）的品牌标识带来的影响不存在显著差异（$F_{纯真}$（1，182）= 1.260，$p = 0.263 > 0.1$；$F_{能力}$（1，182）= 0.426，$p = 0.515 > 0.1$；$F_{成熟}$（1，182）= 2.469，$p = 0.118 > 0.1$；$F_{粗犷}$（1，182）= 1.316，$p = 0.253 > 0.1$）。因此，假设 1 得到充分的数据支持。

产品类型的调节作用检验：接下来，为了检验品牌标识类型与产品类型的匹配对品牌刺激个性感知的影响，本研究进行了 2（品牌标识自然性：低 vs. 高）×2（产品：木碗 vs. 玻璃碗）的以品牌个性评价为因变量的方差分析，证实了二者之间的交互效应（F（1，180）= 24.300，$p < 0.01$，偏 $\eta^2 = 0.119$），如表 4-8 所示。

表 4-8 品牌标识类型与产品类型的匹配对品牌刺激个性感知的影响（实验 4）

变量	β	SE	t	p
常量	3.967	0.060	66.640	<0.01
品牌标识 X	0.152	0.084	1.807	<0.05
产品 M	0.011	0.084	0.129	0.897
$X×M$	0.587	0.119	4.930	<0.01
模型统计	R	R^2	调整后 R^2	F	p
	0.536	0.287	0.279	36.398	0.000

随后简单主效应分析的结果显示，对于自然品木碗，低自然性的抽象标识组对品牌刺激个性感知的影响（$M = 4.12$）与高自然性的具象标识组对品牌刺激个性感知的影响（$M = 3.97$）并没有显著差异（F（1，180）= 3.267，$p = 0.072$，偏 $\eta^2 = 0.018$）；对于人造品玻璃碗，使用低自然性的抽象标识对品牌刺激个性感知

的影响（$M=4.72$）要比使用高自然性的具象标识对品牌刺激个性感知的影响（$M=3.98$）更积极（$F_{(1, 180)} = 77.067$，$p<0.01$，偏$\eta^2 = 0.300$）；而且更重要的是，人造品玻璃碗采用低自然性的抽象标识对品牌刺激个性感知的影响要比自然品木碗采用低自然性的抽象标识对品牌刺激个性感知的影响更积极（$F_{(1, 180)} = 50.417$，$p<0.01$，偏$\eta^2 = 0.219$），如图4-8所示，充分说明，低自然性的品牌标识与人造成分产品匹配时对品牌刺激个性感知的影响更积极，假设3得到了充分的数据支持。

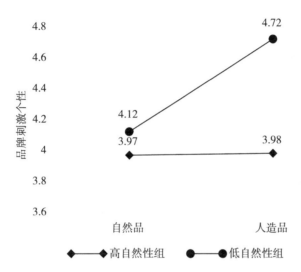

图4-8 品牌标识类型与产品类型的匹配对品牌刺激个性的影响（实验4）

其他控制变量的检验：为了排除品牌标识自然性对品牌个性感知的影响不受其他主观的对品牌标识设计基本态度的影响，我们对这一组控制变量进行了独立样本t检验。数据结果表明，不同分组的被试对两类品牌标识的熟悉度、美感、喜爱度和复杂度没有显著的组间差异。此外，为了检验是否能够排除假设外的其他显著影响，我们进一步对这一组控制变量进行了细致的方差分析和回归分析，结果发现，这几个变量的主效应及其与自变量的交互效应都不显著（如表4-9所示），进一步证实了品牌标识自然性对品牌刺激个性感知的差异化影响并不是因为被试们对品牌标识评价较高。

表 4-9　　　　　　　　　　**实验 4 中其他测量变量的 t 检验结果**

		测量变量	均值		t 值	p 值
			高自然性组	低自然性组		
实验 4	品牌标识态度	熟悉度	2.67	2.62	0.768	0.443
		美感	4.77	4.70	1.165	0.245
		喜爱度	4.74	4.80	−0.1051	0.295
		复杂度	4.38	4.28	1.409	0.160
	有效样本 n （%）		92（50）	92（50）	以上 df=182	

（3）实验 4 讨论

实验 4 探索了在不同产品类别的情景下，品牌标识自然性对品牌个性感知的影响。实验 4 的数据结果表明，对人造成分产品，使用低自然性的品牌标识会更有利于消费者对品牌刺激个性的感知，也就是说，人造成分产品与低自然性的品牌标识更匹配，实验 4 极力地验证了假设 3。此外，实验 4 的结果还表明，对于品牌个性的其他四个维度来说，这两组不同自然性水平（低自然性 vs. 高自然性）的品牌标识带来的影响不存在显著差异。这可能是如下原因：（1）纯真个性意味着朴实、沉稳、诚恳和温暖，无论是高自然性的小树图案还是低自然性的小树图案都能让消费者感觉餐具品牌选择小树图案作为品牌标识，比较务实和沉稳；（2）可能自然性水平的高低并不是区分品牌可靠性、专业性以及自信程度（品牌能力个性）的有效指标；（3）男人味的和粗野的是品牌粗犷个性的基本特征，成熟个性（上层阶级和迷人）的品牌有助于满足消费者的一些象征性需求，而自然性似乎并不能很好地促进消费者将其与品牌成熟个性和粗犷个性特征进行关联。

实验 4 可能还存在一定的局限性。根据以往营销领域学者们的研究，将产品分为自然成分产品和人造成分产品还可以基于另外一种分类方式，即广义的产品分类方法，也就是说还存在一种广义上的人造成分产品，这种产品的人造成分较高但又包含极少的自然成分，虽然这类产品的品牌经常以自然性作为卖点，但是容易误导消费者对产品属性的判断，进而对其品牌个性产生不利的影响。因此，本书认为这需要进一步探讨对于广义的人造成分产品，品牌是侥幸选择高自然性的品牌标识还是坚持选择低自然性的品牌标识比较可靠。为此，本研究还开展了补充实验——实验 5，探究在广义的自然成分产品与人造成分产品情景下，上述调节效应是否存在，以及前文的主效应和中介效应是否依然成立。

4.3.3.2 实验 5

通过前面实验 4 的讨论可知，产品类型会调节品牌标识自然性对品牌个性感知的影响，但是，实验 4 中对产品类型的操纵是基于狭义的产品类型分类，这种方法有一定的局限性。当一种人造成分产品属于自然成分较少的人造产品时，上述的结论是否也成立呢？为了回答这个问题，实验 5 基于广义的自然成分产品与人造成分产品的分类，尝试重复前面几个实验的结果，这里运用了一种不同于实验 4 的产品类型操纵处理方法。

（1）实验设计

实验 5 以虚拟品牌"明芽茶业公司"和"优源饮品公司"为例，选取的是一组不同自然性水平（低自然性 vs. 高自然性）的"茶叶"图案（见附录 3：研究 1c 实验材料）品牌标识，采取二因子的简单组间设计：2（品牌标识自然性：低 vs. 高）×2（产品类型：自然成分产品 vs. 人造成分产品），试图采用情景实验法来检验假设 1、假设 2 和假设 3，即检验研究一的主效应、中介效应以及调节效应。实验 5 的有效被试共 216 名，男性 91 人，占比 42.1%，平均年龄 25.1 岁，均参加网上实验。

首先，对被试进行标准的操控，将他们随机分配到同一品牌的两种不同自然性水平（低 vs. 高）品牌标识以及不同产品类别（自然组：茶叶 vs. 人造组：冰绿茶饮料）中，然后告知被试这是一家茶业公司（饮品公司），并简单介绍茶叶（冰绿茶饮料）的产品成分和特点。接着要求被试在观看相关品牌标识后回答一系列实验问题，主要是让被试们通过 7 点李克特量表来报告他们对这两款产品的看法，对产品属性的评价（Cronbach's $\alpha = 0.83$）参考了 Gomez（2015）的方法。此外，品牌个性、品牌标识创造性的测量题项同研究 1a 和研究 1b 一致。其次，被试还需要报告他们对该品牌标识对品牌适用性情况的看法，我们原本假定本实验涉及的品牌标识能够给消费者提供足够的信息来帮助他们识别品牌个性，但是实验开展很重要的一个前提是，需要用数据来检验消费者对所选取的品牌标识类型是否适合品牌做出基本判断，因此，本实验还添加了一个题项"这个品牌标识很适合茶业公司/饮品公司"。再次，本研究为了排除消费者对品牌标识设计基本态度的干扰，还测试了被试们对两种不同自然性水平（低自然性 vs. 高自然性）的品牌标识的态度，即参考 Cian 和 Krishna（2014）的研究，要求被试用 7 点语义量表报告他们对品牌标识的熟悉度、美感、喜爱度和复杂度。最后，在问卷的最后面，要求被试填写人口统计变量，等被试将问卷填写完毕后，实验人员对被试们一一表示感谢。

（2）实验结果

操控检验：实验 5 主要是对品牌标识类型进行了操控检验，与预测试一致，本实验首先让被试了解自然性的定义，然后让被试判断品牌标识的所属类别，得分越高，品牌标识越偏向于高自然性的；反之，则越偏向于低自然性的。数据结果表明，$M_{高} = 4.72 > M_{低} = 3.65$（$t$（214）= 16.969，$p < 0.01$），说明高自然性标识的得分显著高于低自然性标识的得分，即本实验对品牌标识类型操控成功。

此外，实验 5 中，在让被试充分了解自然成分产品和人造成分产品两种产品的定义和特点后，要求他们报告产品的归属水平，得分越高，越偏向于自然成分产品；得分越低，则越偏向于人造成分产品。数据结果表明，被试感知的产品得分 $M_{自然} = 4.76 > M_{人造} = 3.70$（$t$（214）= 39.316，$p < 0.01$），即方差分析的结果表明自然成分产品的得分显著高于人造成分产品的得分，与测试的预期比较一致。因此，本实验对产品类型的操控是成功的。

实验材料合适度检验：如前文所述，实验 5 需要检验所选的品牌标识类型在被试看来是否符合品牌现实情景，从而是否有利于他们解读品牌个性。我们采用单样本 t 检验来检验这种效果，因为实验中的题项基本上都是采用 7 点李克特量表，所以我们选择了均值得分与量表中的中位数 4 来做比较。数据表明，被试认为品牌标识符合品牌现实情景的均值 $M_{合适度} = 4.93$（t（215）= 53.675，$P < 0.01$）>4，证实了本实验选用的一组品牌标识还是比较适合茶饮公司这种品牌，即本实验选取的实验材料是比较符合要求的。

主效应检验：我们将品牌标识自然性作为自变量，将品牌个性作为因变量，进行了单因素方差分析，来试图检验假设 1。数据表明，品牌标识自然性对品牌刺激个性感知的影响是存在主效应的（$F(1, 214) = 46.731$，$p<0.01$，偏 $\eta^2 = 0.179$），如表 4-10 所示。

表 4-10 品牌标识自然性水平对品牌刺激个性感知影响的主效应（实验 5）

	平方和	df	均方	F	显著性
组间	7.500	1	7.500	46.731	0.000
组内	34.347	214	0.160		

具体来说，对品牌的刺激个性而言，$M_高 = 3.97$ vs. $M_低 = 4.35$（如图 4-9 所示）。这说明，不同自然性水平（低自然性 vs. 高自然性）的品牌标识对品牌刺激个性感知的影响是存在显著差异的，即相对于高自然性的品牌标识，低自然性的品牌标识对品牌刺激个性感知的影响更积极。

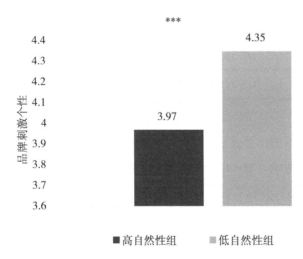

注：＊＊＊表示 $p<0.01$。

图 4-9 品牌标识自然性对品牌刺激个性的影响（实验 5）

此外，我们进一步检验了品牌标识自然性对其他几个维度的品牌个性感知的影响。结果发现，对于品牌个性的其他四个维度来说，这两组不同自然性水平

（低自然性 vs. 高自然性）的品牌标识带来的影响没有显著差异（$F_{纯真}$（1，214）= 2.163，$p = 0.143 > 0.1$；$F_{能力}$（1，214）= 1.600，$p = 0.207 > 0.1$；$F_{成熟}$（1，214）= 1.090，$p = 0.298 > 0.1$；$F_{粗犷}$（1，214）= 1.544，$p = 0.215 > 0.1$）。因此，假设 1 得到充分的数据支持。

产品类型的调节作用检验：接下来，为了检验品牌标识类型与产品类型的匹配对品牌刺激个性感知的影响，本研究进行了 2（品牌标识自然性：低 vs. 高）×2（产品：茶叶 vs. 冰绿茶饮料）的以品牌个性评价为因变量的方差分析，证实了二者之间的交互效应（F（1，212）= 24.746，$p < 0.01$），如表 4-11 所示。

表 4-11　品牌标识类型与产品类型的匹配对品牌刺激个性感知的影响（实验 5）

变量	β	SE		t	p
常量	3.963	0.049		81.108	<0.01
品牌标识 X	0.130	0.069		1.876	<0.05
产品 M	0.023	0.069		0.335	0.738
$X \times M$	0.486	0.098		4.975	<0.01
模型统计	R	R^2	调整后 R^2	F	p
	0.589	0.347	0.338	37.537	0.000

随后简单主效应分析的结果显示，对于自然品茶叶，低自然性的抽象标识组对品牌刺激个性感知的影响（$M = 4.09$）与高自然性的具象标识组对品牌刺激个性感知的影响（$M = 3.96$）并没有显著差异（F（1，212）= 3.519，$p = 0.062$，偏 $\eta^2 = 0.016$）；对于人造品冰绿茶饮料，使用低自然性的抽象标识对品牌刺激个性感知的影响（$M = 4.60$）要比使用高自然性的具象标识对品牌刺激个性感知的影响（$M = 3.99$）更积极（F（1，212）= 79.407，$p < 0.01$，偏 $\eta^2 = 0.272$）；而且更重要的是，人造品冰绿茶饮料采用低自然性的抽象标识对品牌刺激个性感知的影响要比自然品茶叶采用低自然性的抽象标识对品牌刺激个性感知的影响更积极（（F（1，212）= 54.318，$p < 0.01$，偏 $\eta^2 = 0.204$），即低自然性的抽象标识与冰绿茶饮料匹配组和其他几组的差异比较大（如图 4-10 所示），充分说明相对于高自

然性的具象标识，低自然性的抽象标识与人造成分产品匹配时，对品牌刺激个性感知的影响更积极，假设 3 得到了充分的数据支持。

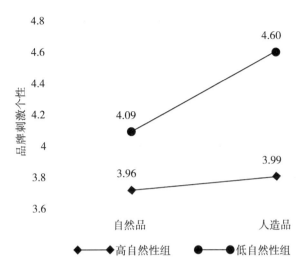

图 4-10　品牌标识类型与产品类型的匹配对品牌刺激个性的影响（实验 5）

品牌标识创造性感知的中介作用检验：根据假设 2，品牌标识创造性感知可能会中介品牌标识自然性对品牌刺激个性感知的差异化影响，中介效应检验程序如下：具体来说，我们参考 Zhao 等（2010）提出的中介效应检验和分析程序，以及 Preacher 和 Hayes（2004）提出的中介效应分析模型（模型 8）进行了Bootstrap 方法的中介效应检验。具体来说，我们对 5000 个重复取样的样本进行自助法估计（Preacher and Hayes，2004），结果发现，在产品类型调节作用下，品牌标识创造性感知的中介效应大小是 0.098（SE ＝0.059，95% 置信区间：LLCL ＝0.013，ULCL ＝0.251）。而且置信区间没有包含 0，说明间接效应显著（如图 4-11 所示），因此，对低自然性的品牌标识而言，品牌标识创造性感知的中介效应存在，进一步支持了假设 2。

其他控制变量的检验：为了排除品牌标识自然性对品牌个性感知的影响不受其他主观的对品牌标识设计基本态度的影响，我们对这一组控制变量进行了独立样本 t 检验。结果表明，不同分组的被试对两种品牌标识的熟悉度、美感、喜爱度和复杂度没有显著的组间差异。此外，为了检验是否能够排除假设外的其他显

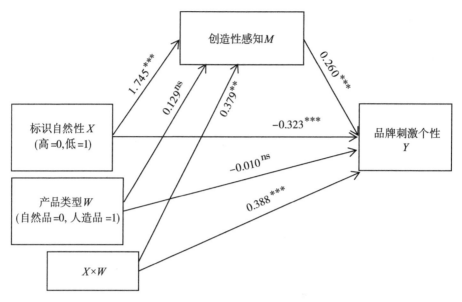

注：ns 表示 $p>0.1$；＊＊ 表示 $0.01<p<0.05$；＊＊＊ 表示 $p<0.01$。

图 4-11 品牌标识创造性感知的中介作用路径分析图（实验 5）

著影响，我们进一步对这一组控制变量进行了细致的方差分析和回归分析，结果发现，这几个变量的主效应及其与自变量的交互效应都不显著（如表 4-12 所示），进一步证实了品牌标识自然性对品牌刺激个性感知的差异化影响并不是因为被试们对品牌标识评价较高。

表 4-12   实验 5 中其他测量变量的 t 检验结果

	测量变量		均值		t 值	p 值
			高自然性组	低自然性组		
实验 5	品牌标识态度	熟悉度	2.65	2.60	0.700	0.485
		美感	4.46	4.56	−1.498	0.136
		喜爱度	4.73	4.69	0.746	0.457
		复杂度	4.30	4.23	1.079	0.282
	有效样本 n（%）		108（50）	108（50）	以上 df=214	

（3）实验 5 讨论

本实验基于一种新的产品类型的操控方法，来检验品牌标识自然性对品牌个性感知的影响，实验 5 的数据分析结果表明，对人造成分产品品牌，低自然性的品牌标识可以让消费者感觉更具有创造性，进而认为该品牌更刺激。这与研究 1a 和研究 1b 的结论一致，本实验的研究进一步提高了本书的外部效度，并为产品类型的操纵提供了一种新的思路。此外，实验 5 的结果还表明，对于品牌个性的其他四个维度来说，这两组不同自然性水平（低自然性 vs. 高自然性）的品牌标识带来的影响不存在显著差异。这可能是如下的原因：（1）纯真个性意味着朴实、沉稳、诚恳和温暖，茶饮品牌无论是选择高自然性的茶叶图案还是低自然性的茶叶图案作为品牌标识，都比较循规蹈矩；（2）可能自然性水平的高低并不是区分品牌可靠性、专业性以及自信程度（品牌能力个性）的有效指标；（3）男人味的和粗野的是品牌粗犷个性的基本特征，成熟个性（上层阶级和迷人）的品牌有助于满足消费者的一些象征性需求，而自然性似乎并不能很好地促进消费者将其与品牌成熟个性和粗犷个性特征进行关联。

4.3.3.3 研究 1c 讨论

研究 1c 重复了前面几个研究的结果，提供了新的研究视角，而且进一步证实了两种不同自然性水平（低 vs. 高）和产品类型（自然成分产品 vs. 人造成分产品）的匹配对品牌个性的差异化影响。也就是说，低自然性的品牌标识与人造成分产品匹配时，对品牌刺激个性感知的影响最积极。因此，本研究的结果支持假设 1 和假设 3。我们还对品牌标识创造性的中介作用进行了检验。结果表明，创造性是低自然性品牌标识的主要特征，从而使得消费者联想到使用这类标识的品牌更符合刺激个性特征，极大地验证了假设 2。综合上述研究的结果，研究一提出的假设均成立。

5 研究二：品牌标识自然性与品牌刺激个性的匹配对品牌资产的影响

5.1 研究目的

在研究一中，我们通过 3 个研究共 5 个实验，充分论证了相对高自然性的品牌标识，低自然性的品牌标识看起来更具有创造性，对品牌刺激个性感知的影响更积极；而且研究一发现，高自然性的品牌标识与低自然性的品牌标识对品牌纯真个性、能力个性、成熟个性以及粗犷个性感知的影响并没有表现出明显的差异性；此外，研究一还证实了产品类型会调节品牌标识自然性对品牌刺激个性感知的差异化影响，具体来说，对于人造成分产品的品牌，选择低自然性的品牌标识要比选择高自然性的品牌标识更能彰显品牌的刺激个性特征。总之，研究一充分论证了不同自然性水平（低自然性 vs. 高自然性）的品牌标识会引发差异化的视觉感受，进而对品牌刺激个性的感知产生差异化的影响，但是对于品牌个性其他几个维度的感知并没有存在绝对的和明显的差异性，较好地启发了品牌管理者应该根据自身的品牌个性定位来选择合适自然性水平的品牌标识。

更进一步地，如果品牌的个性与其所选取的品牌标识自然性水平相匹配，那么其会对品牌产生积极的溢出效应吗？鉴于品牌资产（brand equity）在公司管理决策中的战略性意义和为组织创造竞争优势的重要作用（Atilgan, Aksoy and Akinci, 2007），学者和营销领域的专家们对此展开了大量的研究。因此，更实际地，品牌标识自然性与品牌个性的匹配会更有利于品牌资产的评估吗？为了解答这一问题，本书继续开展了研究二。

品牌资产的评估可以基于财务、市场和消费者三个方面的要素进行考察。在基于财务要素的评估方法中，品牌资产是指品牌通过营销有形产品或无形产品而获得的源源不断的现金流（Vahdati and Mousavi Nejad，2016）。在基于市场要素的评估方法中，品牌资产是指品牌以及品牌相关元素，如品牌名称等为公司创造的附加值（Keller and Lehmann，2004）。基于消费者要素的品牌资产是指在品牌差异化营销和提升品牌形象策略过程中，消费者对品牌相关知识的反应（Keller，1993）。总的来说，品牌资产的评估综合各种主观和客观的因素。研究二主要对基于财务要素和基于消费者要素这两种评估方式的品牌资产进行了考察。此外，根据以往学者们的研究，积极的品牌评价可能会促进品牌的财务表现（Datta，Ailawadi and Van Heerde，2017），因此，本研究还尝试揭示这两种不同评估方式的品牌资产的内在联系。

综上，研究二的目的主要表现在以下两个方面：（1）探讨品牌标识自然性与品牌个性的匹配对品牌评价（基于消费者要素的品牌资产）的影响；（2）论证品牌标识自然性与品牌刺激个性的匹配对品牌市场财务估值（基于财务要素的品牌资产）的影响。

5.2 理论推演和假设提出

5.2.1 品牌标识自然性与品牌刺激个性的匹配对品牌评价的影响

品牌资产包括消费者对品牌多个维度的反应，品牌的大多数营销努力是为了更好地提升一些具体的品牌资产维度，如品牌态度、品牌评价以及品牌形象等（Luffarelli et al.，2019）。通过前文对品牌资产前置因素的整理，我们发现关于品牌标识视觉设计属性和品牌个性特征对品牌资产评估影响的研究从多个方面进行了充分的论证。现有文献充分表明，品牌标识设计属性可以显著影响品牌资产（Luffarelli，Stamatogiannakis and Yang，2019），如颜色、字体、形状以及呈现方式等视觉线索都有可能会影响消费者对品牌的反应（基于消费者要素的品牌资产）。例如，与精心挑选的品牌名称一样，品牌标识的颜色具有重要的含义，可以帮助消费者对品牌进行有效的认知和识别（Bottomley and Doyle，2006；Gorn et al.，1999，2004；Lieven et al.，2015）。而长方形的品牌标识较大的长宽比会让消费者感觉品牌的时间属性相对较长，因此，对时间属性较为重要的产品而言，长方形的品牌标识要比正方形的品牌标识带来更积极的品牌评价（钟科和王海忠，2015）。此外，消费者可能会认为现代品牌与倾斜的文字品牌标识更匹配，而传统品牌可能与端正的品牌标识更匹配（魏华和汪涛，2018）。另外，静态视觉可以唤起消费者对运动的感知（即动态意象），因此，动态感较强的品牌标识可以增加消费者的参与感，从而有利于提升消费者对品牌的态度（Cian，Krishna and Elder，2014）。一篇关于品牌标识描述性的研究发现，更多描述性的品牌标识会增加消费者感知的流畅性，进而让消费者感觉使用这类标识的品牌更真实，这种感知的真实性会进一步对消费者的品牌评价和购买意愿产生积极的影响（Luffarelli，Mukesh and Mahmood，2019）。总之，如果公司选对了品牌标识，可能会积极影响基于消费者要素的品牌资产评估。

值得注意的是，独特的品牌个性有助于在消费者脑海中创建一组理想和独特的联想，进而积极影响到品牌资产的评估（Keller，1993），如促进消费者对品牌的积极评价（Vahdati et al.，2016）。而且品牌个性还可以增加消费者的兴趣、购买意愿以及他们对品牌的信任和忠诚度（Aaker，1997；Kim，Magnini and Singal，2011；Valette-Florence，Guizani and Merunka，2011）。更细致地，品牌个性的具体维度也会对品牌资产评估产生积极影响（Gonçalves Santos，2013；Sundar and Noseworthy，2016）。例如，Stephanie 等（2011）证实了品牌个性对品牌价值的积极影响，并表明对于笔记本电脑品牌来说，品牌的纯真个性和能力个性显得极为重要。此外，品牌的刺激个性可以增加消费者的口碑，因为该个性可以唤起消费者独特的品牌体验感并促进更多与品牌相关的评论（Gonçalves Santos，2013）；而且品牌的刺激个性还有助于提高消费者想要避免焦虑而形成的品牌依恋（Sundar and Noseworthy，2016）。总之，品牌个性也是基于消费者要素的品牌资产评估很重要的一个参考因素。

现有研究表明，品牌标识与品牌个性之间更高水平的一致性可以带来更积极的消费者反应（Labroo，Dhar and Schwarz，2008；Luffarelli，Stamatogiannakis and Yang，2019）。例如，品牌标识的动态性与品牌特征的一致性会积极影响消费者的品牌评价，而且这一效应受到消费者视觉加工流畅性的影响（Cian，Krishna and Elder，2014）。Bajaj 和 Bond（2018）发现对称性的品牌标识对品牌刺激个性感知的影响是消极的，对于刺激个性定位的品牌，使用不对称的品牌标识会导致更好的品牌形象评价。类似地，有活动空白区的品牌标识最适合成熟个性的品牌，这种品牌标识与品牌的纯真个性、刺激个性以及能力个性的匹配度较低，因此，像劳力士和奔驰这类成熟个性的品牌将活动空白融入它们的品牌标识这一设计方法是比较有益的，这样不仅可以提升品牌的新鲜感，而且还可以传递出时尚的品牌形象（Sharma and Varki，2018）。此外，Luffarelli，Mukesh 和 Mahmood（2019）证实了品牌标识的描述性特征可以与品牌一致性进行关联，因为有更多描述性的品牌标识可以唤起更多的与品牌有关的联系从而导致更高的感知一致性，进而产生更好的消费者反应。

根据研究一，相对于高自然性的品牌标识，低自然性的品牌标识更容易唤起消费者对创造性的感知，促进消费者将品牌想象成敢于打破常规的、富有冒险精神的、富有想象力的以及潮流的（Robert，2014；Luffarelli et al.，2019），即品牌更符合刺激个性特征。据此，在以往关于品牌标识与品牌感知一致性所带来积极效应研究的基础上，我们期望品牌标识自然性与品牌刺激个性特征的匹配也会积极影响消费者对品牌的评价（基于消费者要素的品牌资产）。因此，假设如下：

假设 4a： 相对于高自然性的品牌标识，低自然性的品牌标识对刺激个性定位品牌的评价能够产生更积极的影响。

假设 4b： 品牌标识与品牌感知一致性在这一影响过程中起到中介作用。

5.2.2 品牌标识自然性与品牌刺激个性的匹配对品牌市场财务估值的影响

品牌资产可以通过消费者感知和财务估值来评估，基于消费者要素的品牌资产侧重测量消费者对品牌的感知和态度，而基于财务要素的品牌资产是品牌在市场份额中的收益。营销领域的学者们大多从消费者层面来探讨品牌资产的评估，还有一部分学者进一步探讨了产品设计、品牌标识以及品牌个性等对基于财务要素的品牌资产的影响。例如，Landwehr，Labroo 和 Herrmann（2011）使用真实的财务数据验证了汽车行业的典型产品设计会对品牌的财务估值产生积极影响。Luffarelli 等（2019）在 Landwehr 等（2011，2013）研究的基础上，证实了在品牌营销实践中，品牌标识的描述性以及不对称性与品牌特征相符的情景下会对品牌的评价产生积极影响，进而有助于提高品牌的财务表现。

相对于高自然性的品牌标识，低自然性的品牌标识能够让消费者感觉使用这类标识的品牌更加敢于打破常规、富有冒险精神、富有想象力以及更有潮流感，即品牌更符合刺激个性特征。因此，当刺激个性特征的品牌选择低自然性的品牌标识而非高自然性的品牌标识时，会让消费者感觉品牌元素之间的一致性更高，从而得到消费者的选择性关注，如被考虑、被积极评价以及在购买时优先被选择（基于消费者要素的品牌资产）（Hoeffler and Keller，2003），这些积极的行为反应在一定程度上都有可能会促进品牌的财务表现（Mizik，2014；Mizik and Jacobson，2008，2009；Datta，Ailawadi and Van Heerde，2017）。因此，我们有理由相信品牌标识的视觉呈现方式不仅可能会传递出相关的品牌个性特征，而且当品牌标识的视觉呈现方式与品牌个性特征相匹配时，还有可能会产生良好的消费者反应，并进一步影响品牌的财务表现。因此，假设如下：

假设 5a：相较于高自然性的品牌标识，低自然性的品牌标识对刺激个性定位品牌的财务估值能够产生更积极的影响。

假设 5b：消费者的品牌评价在这一影响过程中起到中介作用。

5.3　研究方法与结果分析

在上述相关理论梳理和假设演绎的基础上，为了检验品牌标识自然性与品牌刺激个性的匹配对品牌资产的影响，研究二共实施了两个研究。其中，研究 2a 主要通过两个实验来证明低自然性的品牌标识可以提高消费者对刺激个性定位品牌的评价（基于消费者要素的品牌资产），但对其他维度品牌个性定位的品牌的评价作用不大，并尝试解释这一影响的中介机制。研究 2b 通过市场上真实的财务数据来进一步论证低自然性的品牌标识对刺激个性定位的品牌市场财务估值（基于财务要素的品牌资产）的积极影响，以及消费者对品牌的积极评价（基于消费者要素的品牌资产）在这一影响过程中的中介作用。

5.3.1 研究 2a：品牌标识自然性与品牌刺激个性的匹配对品牌评价的影响

5.3.1.1 实验 6

（1）实验设计

实验 6 以女装品牌为例，选取的是一组不同自然性水平（低自然性 vs. 高自然性）的"蝴蝶"图案（见附录 4：研究 2a 实验材料）品牌标识，采取情景实验的方法来尝试检验假设 4a。考虑到女装品牌的现实消费者反应，以及品牌个性具体维度的不同意义，我们在操控品牌个性（参考 Aaker（2004，2005）对品牌个性的操控方法）时，有针对性地选择了品牌的刺激和成熟两个维度的个性，而在此试验中并没有将品牌的粗犷个性、能力个性和纯真个性考虑进来。这是因为粗犷个性侧重"男子气概的以及粗野"等品牌个性特征，能力个性侧重"专业、可信赖以及领导力"等品牌个性特征，纯真个性更加侧重"循规蹈矩、诚恳、友善和诚实"等品牌个性特征，这与本实验的研究情景并不是很贴切。因此，实验 6 采取二因子的简单组间设计：2（品牌标识自然性：低 vs. 高）×2（品牌个性：刺激 vs. 成熟）。鉴于产品的目标对象属于特定性别（女装），实验 6 招募的有效被试全是女性，共 208 名，平均年龄 25.9 岁，均参加网上实验。

首先，对被试进行标准的操控，将她们随机分配到同一品牌的两种不同自然性水平（低 vs. 高）品牌标识以及不同个性类别（品牌个性：刺激 vs. 成熟）中。然后告知被试"这是一家知名的潮流风服装品牌/轻熟风服装品牌，该品牌的服装大多采用与众不同的大胆设计/采用荷叶边、碎花以及鱼尾等经典传统的设计，主要定位是为富有创造力的千禧一代女性打造别具一格的着装体验/为优雅内敛的 30~40 岁成熟女性打造柔美典雅的着装体验，这可能是该女装品牌被描述为如此新潮的原因/如此优雅的原因"，并让被试根据品牌个性的测量题项（与研究一中的一致）进行回答，从而实现对品牌个性进行操纵的目的。而且为了减少品牌标识曝光带来的影响，对被试们在报告他们对品牌的个性感知时所采取的量表都进行了一定程度语义差异的设计。

其次，被试还需要报告她们对该品牌标识对品牌适用性情况的看法，我们原本假定本实验涉及的品牌标识能够给消费者提供足够的信息来帮助他们识别品牌个性，但是实验开展很重要的一个前提是，需要用数据来检验消费者对所选取的品牌标识类型是否适合品牌做出基本判断，因此，本实验还添加了一个题项"这个品牌标识很适合女装品牌"。另外，本研究为了排除消费者对品牌标识设计基本态度的干扰，还测试了被试们对两种不同自然性水平（低自然性 vs. 高自然性）的品牌标识的态度，即参考 Cian 和 Krishna（2014）的研究，要求被试用 7 点语义量表报告她们对品牌标识的熟悉度、美感、喜爱度和复杂度。然后，要求被试在观看相关品牌标识和品牌个性的相关描述后回答一系列实验问题，主要是让被试们通过 7 点李克特量表来报告她们对这两个品牌的评价（1＝一点也不喜欢/一点也没有好感；7＝很喜欢/非常有好感）（量表来自 Luffarelli, Stamatogiannakis and Yang（2019）的研究，Cronbach's α = 0.79）。最后，在问卷的最后面，要求被试填写人口统计变量，等被试将问卷填写完毕后，实验人员对被试们一一表示感谢。

（2）结果分析

操控检验：实验 6 主要对品牌个性特征进行了操控，具体来说，在让被试充分了解两个女装品牌的特点后，要求她们报告在多大程度上认为品牌是符合刺激个性/成熟个性的。数据结果表明，当女装品牌被描述为"新潮"时，被试感知到的品牌刺激个性得分要明显大于被试感知到的品牌成熟个性得分（$M_{刺激}$ = 4.61 vs. $M_{成熟}$ = 3.74；t（102）= 14.874，$p<0.01$）；相反，当女装品牌被描述为"优雅"时，被试感知到的品牌刺激个性得分要明显低于被试感知到的品牌成熟个性得分（$M_{刺激}$ = 3.36 vs. $M_{成熟}$ = 4.44；t（102）= −17.188，$p<0.01$）。因此，本实验对品牌个性特征的操控是成功的。

此外，实验 6 还对品牌标识类型进行了操控检验。本实验首先让被试了解自然性的定义，然后让被试判断品牌标识的所属类别，得分越高，品牌标识越偏向于高自然性的；反之，则越偏向于低自然性的。数据结果表明，$M_{高}$ = 4.95>$M_{低}$ = 3.82（t（206）= 26.071，$p<0.01$），说明高自然性标识的得分显著高于低自然性标识的得分，即本实验对品牌标识类型操控成功。

实验材料合适度检验：如前文所述，实验 6 需要检验所选的品牌标识类型在被试看来是否符合品牌现实情景，从而是否有利于她们解读品牌个性。我们采用单样本 t 检验来验证这种效果，因为实验中的题项基本上都是采用 7 点李克特量表，所以我们选择了均值得分与量表中的中位数 4 来做比较。数据表明，被试认为品牌标识符合品牌现实情景的均值 $M_{合适度}=4.48$（t（207）$=13.844$，$P<0.01$）>4，证实了本实验选用的一组品牌标识还是比较适合女装公司这种品牌，即本实验选取的实验材料是比较符合要求的。

品牌标识自然性与品牌个性的匹配对品牌评价的溢出效应：我们以品牌标识自然性（低 vs. 高）和品牌个性（成熟 vs. 刺激）作为固定因子，以品牌评价作为因变量，进行了 2×2 的方差分析。数据结果表明，品牌标识自然性水平（低自然性 vs. 高自然性）与品牌个性对品牌评价的交互作用是显著的（F（1，204）$=38.831$，$p<0.01$）。实验 6 中品牌标识自然性与品牌个性的匹配对品牌评价的影响见表 5-1。

表 5-1　品牌标识自然性与品牌个性的匹配对品牌评价的影响（实验 6）

模型统计	R	R^2	调整后 R^2	F	p
	0.543	0.295	0.285	28.459	0.000
变量	β	SE		t	p
常量	3.856	0.042		90.866	<0.01
品牌标识 X	−0.029	0.060		−0.481	0.631
品牌个性 W	−0.096	0.060		−1.602	0.111
$X \times W$	0.529	0.085		6.231	<0.01
品牌标识自然性对品牌评价影响的条件效应					
品牌个性	β	SE	p	LLCI	ULCI
成熟个性（$w=0$）	−0.0288	0.060	0.631	−0.1472	0.0895
刺激个性（$w=1$）	0.5000	0.060	<0.01	0.3817	0.6183

具体来说，当刺激个性的"飞扬"女装品牌采用低自然性的品牌标识时，消费者对品牌的评价要比该女装品牌采用高自然性的品牌标识的情景下更好（$M_{低}=4.26$ vs. $M_{高}=3.76$；F（1，102）$=60.325$，$p<0.01$）；然而，对于成熟个性的"玲珑"女装品牌来说，选择低自然性的品牌标识和选择高自然性的品牌标识，对其品牌评价的影响并没有显著的差异性（$M_{低}=3.83$ vs. $M_{高}=3.86$；

F（1，102）= 0.272，$p > 0.1$）（见图 5-1）。因此，假设 4a 得到充分的数据支持。

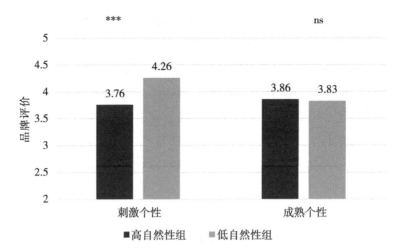

注：＊＊＊表示 $p < 0.01$，ns 表示 $p > 0.1$。

图 5-1　品牌标识自然性与品牌个性的匹配对品牌评价的影响（实验 6）

　　其他控制变量的检验：为了排除品牌标识自然性水平（低自然性 vs. 高自然性）与品牌个性感知对品牌评价的交互作用不受其他主观的对品牌标识设计基本态度的影响，我们对这一组控制变量进行了独立样本 t 检验。结果发现，不同分组的被试对两种品牌标识的熟悉度、美感、喜爱度和复杂度没有显著的组间差异，进一步证实了品牌标识自然性水平与品牌个性对品牌评价的交互作用并不是被试们对品牌标识评价较高导致的（见表 5-2）。

表 5-2　　　　　　　　　　　**实验 6 中其他测量变量的 t 检验结果**

	测量变量		均值		t 值	p 值
			高自然性组	低自然性组		
实验 6	品牌标识态度	熟悉度	2.74	2.69	0.766	0.444
		美感	4.84	4.77	1.219	0.224
		喜爱度	4.78	4.74	0.647	0.519
		复杂度	4.26	4.24	0.319	0.750
	有效样本 n（%）		104（50）	104（50）	以上 df = 206	

（3）实验 6 讨论

实验 6 证实了当品牌个性定位与所选取的品牌标识自然性水平（低自然性 vs. 高自然性）相匹配时，消费者对品牌的评价更积极，更具体地，对于刺激个性定位的品牌，选择低自然性的品牌标识要比选择高自然性的品牌标识更有利于品牌的评价；而对于成熟个性定位的品牌，选择低自然性的品牌标识还是高自然性的品牌标识，对其品牌评价没有显著的差异性，实验 6 的结果较好地支持了假设 4a。但是，我们并不清楚这一交互效应的解释机制。另外，实验 6 选取的是针对特定被试性别的女装品牌，对于品牌个性的操控也是比较局限的。因此，为了进一步论证实验 6 的结论的适用范围，我们继续实施了实验 7，拓展对品牌个性的操控情景，并尝试解释实验 6 的结论产生的背后机制。

5.3.1.2 实验 7

（1）实验设计

实验 7 以果蔬汁饮料品牌为例，选取的是一组不同自然性水平（低自然性 vs. 高自然性）的"荔枝"图案（见附录 4：研究 2a 实验材料）品牌标识，采取情景实验的方法来尝试检验假设 4a 和假设 4b。考虑到果蔬汁饮料品牌的现实消费者反应，以及品牌个性具体维度的不同意义，我们在操控品牌个性（参考 Aaker（2004，2005）对品牌个性的操控方法）时，有针对性地选择了品牌个性的刺激和纯真两个维度的个性，而在此试验中并没有将品牌的粗犷个性、能力个性和成熟个性考虑进来。这是因为粗犷个性侧重"男子气概的以及粗野"等品牌个性特征，能力个性侧重"专业、可信赖以及领导力"等品牌个性特征，成熟个性更加侧重"迷人的和有魅力的"等品牌个性特征，这与本实验的研究情景并不是很贴切。因此，实验 7 采取二因子的简单组间设计：2（品牌标识自然性：低 vs. 高）×2（品牌个性：刺激 vs. 纯真）。实验 7 招募的有效被试共 264 名，男性 107 人，占比 40.5%，平均年龄 24.2 岁，均参加网上实验。

首先，对被试进行标准的操控，将他们随机分配到同一品牌的两种不同自然性水平（低 vs. 高）品牌标识以及不同个性类别（品牌个性：刺激 vs. 纯真）中。然后告知被试"生产和销售各种果蔬汁的饮料品牌，采用独特的制造工艺/

传统的制造工艺，所有用于制造公司果蔬汁的水果和蔬菜都是从使用特种种植技术的农场购买的/从小镇的农场购买的，这可能就是'新意'果蔬汁品牌被描述为如此新潮的原因/这可能就是'纯臻'果蔬汁品牌被描述为如此朴实的原因"，并让被试根据品牌个性的测量题项（与研究一中的一致）进行回答，从而实现对品牌个性进行操纵的目的。而且为了减少品牌标识曝光带来的影响，对被试们在报告他们对品牌的个性感知时所采取的量表都进行了一定程度语义差异的设计。

其次，被试还需要报告他们对该品牌标识对品牌适用性情况的看法，我们原本假定本实验涉及的品牌标识能够给消费者提供足够的信息来帮助他们识别品牌个性，但是实验开展很重要的一个前提是，需要用数据来检验消费者对所选取的品牌标识类型是否适合品牌做出基本判断，因此，本实验还添加了一个题项"这个品牌标识很适合果蔬汁品牌"。另外，本研究为了排除消费者对品牌标识设计基本态度的干扰，还测试了被试们对两种不同自然性水平（低自然性 vs. 高自然性）的品牌标识的态度，即参考 Cian 和 Krishna（2014）的研究，要求被试用 7 点语义量表报告他们对品牌标识的熟悉度、美感、喜爱度和复杂度。然后，要求被试在观看相关品牌标识和品牌个性的相关描述后回答一系列实验问题，主要是让被试们通过 7 点李克特量表来报告他们对品牌标识与品牌感知一致性的看法（1＝非常不合适/一点也不搭配；7＝非常合适/很搭配）（量表来自 Krishna、Elder 和 Caldara（2010）的研究，Cronbach's $\alpha = 0.92$），以及对这两个品牌的评价（1＝一点也不喜欢/一点也没有好感；7＝很喜欢/非常有好感；量表来自 Luffarelli、Stamatogiannakis 和 Yang（2019）的研究，Cronbach's $\alpha = 0.79$）。最后，在问卷的最后面，要求被试填写人口统计变量，等被试将问卷填写完毕后，实验人员对被试们一一表示感谢。

（2）结果分析

操控检验：实验 7 主要对品牌个性特征进行了操控，具体来说，在让被试充分了解两个果蔬汁品牌的特点后，要求他们报告在多大程度上认为品牌是符合刺激个性/纯真个性的。数据结果表明，当果蔬汁品牌被描述为"新潮"时，被试感知到的品牌刺激个性得分要明显大于被试感知到的品牌纯真个性得分（$M_{刺激} = 4.61$ vs. $M_{纯真} = 3.61$；t（130）＝ 23.014，$p < 0.01$）；相反，当果蔬汁品牌被描述为"朴实"时，被试感知到的品牌刺激个性得分要明显低于被试感知到的品牌

纯真个性得分（$M_{刺激}$ = 3.38 vs. $M_{纯真}$ = 4.30；$t(130)$ = -24.752，$p<0.01$）。因此，本实验对品牌个性特征的操控是成功的。

此外，实验7还对品牌标识类型进行了操控检验，本实验首先让被试了解自然性的定义，然后判断品牌标识的所属类别，得分越高，品牌标识越偏向于高自然性的；反之，则越偏向于低自然性的。数据结果表明，$M_{高}$ = 4.81 > $M_{低}$ = 3.74（$t(262)$ = 20.822，$p<0.01$），说明高自然性标识的得分显著高于低自然性标识的得分，即本实验对品牌标识类型操控成功。

实验材料合适度检验：如前文所述，实验7需要检验所选的品牌标识类型在被试看来是否符合品牌现实情景，从而是否有利于他们解读品牌个性。我们采用单样本 t 检验来检验这种效果，因为实验中的题项基本上都是采用7点李克特量表，所以我们选择了均值得分与量表中的中位数4来做比较。数据表明，被试认为品牌标识符合品牌现实情景的均值 $M_{合适度}$ = 4.50（$t(263)$ = 16.095，$P<0.01$）> 4，证实了本实验选用的一组品牌标识还是比较适合果蔬汁饮料公司这种品牌，即本实验选取的实验材料是比较符合要求的。

品牌标识自然性与品牌个性的匹配对品牌评价的溢出效应：我们以品牌标识自然性（低 vs. 高）和品牌个性（纯真 vs. 刺激）作为固定因子，以品牌评价作为因变量，进行了2×2的方差分析。数据结果表明，品牌标识自然性与品牌个性对品牌评价的交互作用是显著的（$F(1, 260)$ = 42.404，$p<0.01$）。实验7中品牌标识自然性与品牌个性匹配对品牌评价的影响见表5-3。

表5-3　　品牌标识自然性与品牌个性匹配对品牌评价的影响（实验7）

模型统计	品牌标识与品牌感知一致性				
	R	R^2	MSE	F	p
变量	0.508	0.258	0.058	30.110	0.000
	β	SE		t	p
常量	3.918	0.030		131.843	<0.01
品牌标识 X	-0.046	0.042		-1.082	0.280
品牌个性 W	-0.129	0.042		-3.066	<0.01
$X \times W$	0.424	0.059		7.140	<0.01

续表

模型统计	品牌评价				
	R	R^2	MSE	F	p
变量	0.524	0.274	0.055	24.457	0.000
	β		SE	t	p
常量	3.013		0.238	12.660	<0.01
感知一致性 M	0.235		0.060	3.890	<0.01
品牌标识 X	−0.020		0.041	−0.480	0.632
品牌个性 W	−0.091		0.042	−2.188	0.030
$X \times W$	0.287		0.063	4.539	<0.01
品牌标识自然性通过感知一致性对品牌评价影响的间接条件效应					
品牌个性	β		SE	LLCI	ULCI
纯真个性 ($w=0$)	−0.011		0.010	−0.035	0.004
刺激个性 ($w=1$)	0.089		0.031	0.035	0.157
有中介的调节分析					
	β		SE	LLCI	ULCI
	0.0995		0.036	0.039	0.184

具体来说，当刺激个性的"新意"果蔬汁饮料品牌采用低自然性的品牌标识时，消费者对品牌的评价要比该果蔬汁品牌采用高自然性的品牌标识的情景下更好（$M_{低}$ = 4.17 vs. $M_{高}$ = 3.81；F (1, 130) = 54.122，$p<0.01$）；然而，对于纯真个性的"纯臻"果蔬汁饮料品牌来说，选择低自然性的品牌标识和选择高自然性的品牌标识，对其品牌评价的影响并没有显著的差异性（$M_{低}$ = 3.90 vs. $M_{高}$ = 3.93；F (1, 130) = 0.780，$p>0.1$）（见图5-2）。因此，假设4a进一步得到充分的数据支持。

品牌标识与品牌感知一致性的中介作用检验：根据假设4b，品牌标识与品牌感知一致性可能会中介品牌标识自然性对品牌评价的影响，中介效应检验程序如下：我们参考 Zhao 等（2010）提出的中介效应检验和分析程序，以及 Preacher 和 Hayes（2004）提出的一般中介效应分析模型（模型8）进行了 Bootstrap 方法的中介效应检验。具体来说，我们对5000个重复取样的样本进行自助法估计（Preacher and Hayes，2004），证实品牌标识与品牌感知一致性中介了品牌标识自然性与品牌个性的匹配对品牌评价的显著影响（β = 0.0995，SE =

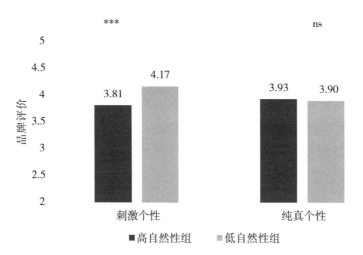

注：＊＊＊表示 $p<0.01$，ns 表示 $p>0.1$。

图 5-2 品牌标识自然性与品牌个性的匹配对品牌评价的影响（实验 7）

0.036，95% 置信区间：LLCL = 0.039，ULCL = 0.184，$p<0.01$）。而且置信区间没有包含 0，说明间接效应显著，因此，对低自然性的品牌标识而言，品牌标识与品牌感知一致性的中介效应存在，支持了假设 4b。品牌标识与品牌感知一致性的中介作用路径分析见图 5-3。

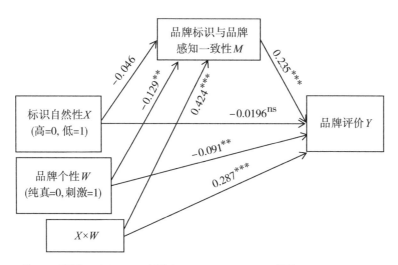

注：ns 表示 $p>0.1$；＊＊表示 $0.01<p<0.05$；＊＊＊表示 $p<0.01$。

图 5-3 品牌标识与品牌感知一致性的中介作用路径分析（实验 7）

其他控制变量的检验：为了排除品牌标识自然性对品牌个性感知的影响不受其他主观的对品牌标识设计基本态度的影响，我们对这一组控制变量进行了独立样本 t 检验。数据结果表明，不同分组的被试对两类品牌标识的熟悉度、美感、喜爱度和复杂度没有显著的组间差异，进一步证实了品牌标识自然性水平（低自然性 vs. 高自然性）与品牌个性对品牌评价的交互作用并不是因为被试们对品牌标识评价较高（见表5-4）。

表5-4　　　　　　　　　　实验 7 中其他测量变量的 t 检验结果

	测量变量	均值		t 值	p 值
		高自然性组	低自然性组		
实验 7	品牌标识态度　熟悉度	2.57	2.54	0.494	0.622
	美感	4.55	4.62	−1.123	0.262
	喜爱度	4.64	4.70	−1.177	0.240
	复杂度	4.41	4.42	−0.125	0.901
	有效样本 n（%）	132（50）	132（50）	以上 df＝262	

5.3.1.2　研究 2a 讨论

实验 6 和实验 7 的结果表明，低自然性的品牌标识可以提高消费者对刺激个性定位品牌的总体评价。而且，实验 7 的检验结果揭示了这一效应的背后机制：消费者倾向于认为使用低自然性品牌标识的品牌更符合刺激个性的特征，因此，当刺激个性定位的品牌选择了低自然性的而非高自然性的品牌标识时，消费者会认为品牌个性特征与品牌标识的设计属性是一致的、匹配的以及协调的，对品牌的评价（基于消费者要素的品牌资产）也是比较积极的。总之，研究 4a 和研究 4b 得到了充分的数据支持。

根据现有研究，积极的消费者评价有可能会促进品牌的财务表现（Datta, Ailawadi and Van Heerde, 2017）。接下来，研究 2b 旨在论证，相对于高自然性的品牌标识，低自然性的品牌标识是否会对刺激个性品牌的财务估值（基于财务要素的品牌资产）产生积极影响以及这种影响是否会受到消费者对品牌评价的中介作用。此外，研究 2b 还尝试证明品牌标识自然性与品牌个性的交互效应可以使用专业的品牌资产评估人员开发的基于消费者要素的品牌资产综合测量模型来发现，但是品牌标识自然性与品牌个性的交互效应却不仅仅局限于对基于消费者要素的品牌资产的影响。

5.3.2 研究 2b：品牌标识自然性与品牌刺激个性的匹配对品牌财务价值的影响

（1）数据来源和变量

本研究使用的数据主要来自 Interbrand、Young 和 Rubicam（Y&R）以及我们对中国消费者的问卷调查，接下来，我们对数据的获取和相关变量进行了详细的描述。

①因变量：市场对品牌的财务估值（基于财务要素的品牌资产）。因变量数据主要来自国际知名的品牌咨询机构 Interbrand 发布的 2016 年全球最有价值的品牌排行榜上 100 个品牌中 61 个品牌的财务估值。之所以最终选取这 61 家品牌作为样本，主要是因为 Top100 的品牌中，使用图形类品牌标识的有 68 家，5 家品牌标识的图形并不符合本文的研究需要，还有 2 家公司的相关品牌个性信息并不全面。Interbrand 这种基于财务要素的品牌资产衡量方法在市场研究中已经得到广泛的应用（Johansson，Dimofte and Mazvancheryl，2012；Madden，Fehle and Fournier，2006）。

②中介变量：品牌评价（基于消费者要素的品牌资产）。中介变量数据主要来自 2016 年另一家领先的品牌咨询机构 Y&R 开发的一套全面的品牌资产评估（BAV）测量数据。BAV 是品牌财务估值和绩效表现的重要预测指标（Datta，Ailawadi and Van Heerde，2017；Mizik，2014；Mizik and Jacobson，2008；2009）。我们收集了上述 61 个品牌的 BAV 值，BAV 值越高，意味着基于消费者要素的品牌资产越高。在我们收集的数据集中，BAV 的最低值 = 0.230，最高值 = 23.76，$M = 4.46$，SD = 4.42。

③自变量：品牌个性。类似地，我们根据 Y&R 发布的品牌个性测量程序，采集了消费者对上述 61 个品牌在刺激个性维度（时尚、活力、独特的以及现代的，Cronbach'α = 0.95）的看法（Y&R 发布的品牌个性信息主要是统计认为给定

品牌符合特定个性特征的消费者所占百分比）。

④自变量：品牌标识的低自然性。为了测量上述 61 个品牌标识在自然性这一维度的得分，我们通过发放问卷的方式，要求被试参考 Henderson 和 Cote（1998）的研究中对品牌标识自然性的界定（与自然物象原形高度相似的品牌标识是高自然性的标识，反之，则是低自然性的标识）来对这 61 个品牌标识的自然性进行评级（测量题项：该品牌标识的自然性，1＝非常低，7＝非常高）。我们共选取了有效被试 206 人，其中男性 79 人，占比 38.3%，平均年龄 24.2 岁。

⑤控制变量。控制变量直接取自 Y&R 的数据集，包括品牌喜爱度（喜爱该品牌的受访者所占百分比）、品牌忠诚度（感到对品牌忠诚的受访者所占百分比）、品牌关注度（对该品牌的重视程度）、品牌口碑推荐（愿意将该品牌推荐给朋友的受访者所占百分比）以及购买意愿（想要购买该品牌的受访者所占百分比）。

（2）结果分析

品牌标识的低自然性与品牌刺激个性的匹配对品牌评价的影响：为了用真实的市场评估的品牌评价数据来进一步检验假设 4a，我们将 Y&R 发布的 BAV（基于消费者的品牌资产）值作为因变量，品牌刺激个性以及品牌标识的低自然性作为自变量进行了线性回归分析，结果发现品牌标识的低自然性与品牌刺激个性的交互项对品牌评价的影响是显著的（$F(1, 57) = 4.159$，$p<0.05$），对于刺激个性定位的品牌，选择低自然性的品牌标识更有利于品牌的评价，因此，假设 4a 得到充分的数据支持（见表 5-5）。

表 5-5　　品牌标识低自然性与品牌刺激个性的匹配对品牌评价的影响

模型统计	品牌评价				
	R	R^2	调整后 R^2	F	p
变量	0.478	0.229	0.188	5.640	0.002
	β	SE		t	p
常量	−0.057	0.119		−0.483	0.631
品牌标识低自然性 X	0.320	0.141		2.276	<0.05
品牌刺激个性 W	0.327	0.119		2.749	<0.01
$X \times W$	0.313	0.154		2.039	<0.05

品牌标识的低自然性与品牌刺激个性的匹配对品牌财务估值的影响：为了检验假设 5a，我们将品牌财务估值作为因变量，品牌个性以及品牌标识的低自然性作为自变量，品牌喜爱度、品牌忠诚度、品牌关注度、品牌口碑推荐以及购买意愿作为控制变量，进行了线性回归分析，结果发现品牌标识的低自然性与品牌刺激个性对品牌财务估值的交互作用是显著的（$F(1, 52) = 16.591$，$p<0.01$）。这一结果充分说明，品牌标识的视觉呈现方式不仅可能会传递出相关的品牌个性特征，而且当品牌标识的视觉呈现方式与品牌个性特征相匹配时，会积极影响品牌的财务表现，假设 5a 成立，结果如表 5-6 所示。

表 5-6　品牌标识低自然性与品牌刺激个性的匹配对品牌财务估值的影响

模型统计	品牌财务估值				
	R	R^2	调整后 R^2	F	p
变量	0.625	0.391	0.297	4.172	0.001
	β	SE		t	p
常量	0.120	0.111		1.076	0.287
品牌标识低自然性 X	−0.360	0.134		−2.683	<0.05
品牌刺激个性 W	0.445	0.115		3.876	<0.01
$X×W$	−0.654	0.161		−4.073	<0.01
品牌喜爱度	0.295	0.217		1.360	0.180
品牌忠诚度	−0.259	0.237		−1.091	0.280
品牌关注度	0.006	0.195		0.033	0.974
品牌口碑推荐	0.114	0.186		0.615	0.542
购买意愿	0.196	0.200		0.980	0.331

根据假设 5b，当品牌标识的视觉呈现方式与品牌个性特征相匹配时，有可能会产生积极的品牌评价，并进一步影响品牌的财务表现。接下来，我们将品牌标识的低自然性作为自变量，将品牌评价作为中介变量，将品牌刺激个性作为调节变量，市场对品牌的财务估值作为因变量，采用 Bootstrap 方法（参考 Preacher 和 Hayes（2004），模型 8）进行了有中介的调节效应检验。具体来说，我们对 5000 个重复取样的样本进行自助法估计（Preacher and Hayes, 2004），数据分析

结果表明，品牌标识的低自然性与品牌刺激个性的匹配对品牌市场财务估值的影响受到品牌评价的中介作用（$\beta = 0.133$，$SE = 0.105$，95%置信区间：$LLCL = 0.007$，$ULCL = 0.451$，$p < 0.01$），假设 5b 进一步得到充分的数据支持。

（3）研究 2b 讨论

研究 2b 表明，低自然性的品牌标识与品牌刺激个性的匹配能够积极影响消费者对品牌的评价（基于消费者要素的品牌资产），进而促进品牌的财务表现，对品牌的财务估值（基于财务要素的品牌资产）产生积极影响。因此，假设 5a 和假设 5b 得到充分的证实。当然，研究 2b 仍然存在一定的局限性。首先，我们的样本只包含 61 个全球百强品牌。其次，因为数据获取的局限性，我们无法直接控制一些其他品牌层面的变量，如品牌的广告费等，但是，我们能解释诸如品牌认知度这类品牌层面的变量对消费者的影响。此外，我们获取的数据并不能很好地控制品牌元素之间的关系或者消费者与品牌的互动关系，但是我们能够控制消费者对品牌的忠诚度和关注度等方面的影响。总的来说，尽管研究 2b 存在一些局限性，但是该研究进一步丰富了前文实验研究的结果，为品牌标识的视觉低自然性效应提供了充分的证据支持。

6 总 体 结 论

6.1 研究总结

本书结合当今品牌管理者对品牌标识选择、设计和修改面临的困惑，并通过对品牌标识、视觉自然性、品牌个性以及品牌资产等相关文献的总结和梳理，提出了研究问题：即品牌标识自然性对品牌刺激个性感知有何影响？更进一步地，品牌标识自然性与品牌刺激个性特征的匹配对品牌资产会产生积极的溢出效应吗？为了解答这些问题，本书基于视觉意象理论、图式理论以及感知一致性理论进行了严谨的假设推演。为了检验本书的研究假设，我们通过两个正式研究，结合情景实验和二手数据两种方法对此进行了详细的解答，主要得出以下几点结论（见表6-1）：

表 6-1 主要研究结论总结

主要研究	研 究 假 设	研究结论
研究一	假设 1：相对于高自然性的品牌标识，低自然性的品牌标识对品牌刺激个性感知的影响更积极	支持
	假设 2：低自然性的品牌标识会让消费者感觉创造性更强，进而认为使用这类标识的品牌更符合刺激个性特征	支持
	假设 3：相对于自然成分产品，人造成分产品采用低自然性的品牌标识会对品牌刺激个性的感知产生更积极的影响	支持

续表

主要研究	研 究 假 设	研究结论
研究二	假设4a：相对于高自然性的品牌标识，低自然性的品牌标识对刺激个性定位品牌的评价能够产生更积极的影响	支持
	假设4b：品牌标识与品牌感知一致性在这一影响过程中起到中介作用	支持
	假设5a：相对于高自然性的品牌标识，低自然性的品牌标识对刺激个性定位品牌的财务估值能够产生更积极的影响	支持
	假设5b：消费者的品牌评价在这一影响过程中起到中介作用	支持

（1）检验了品牌标识自然性对品牌刺激个性感知的差异化影响

通过对品牌标识和视觉自然性相关文献的梳理，本书提出可以基于自然性水平的高低，将品牌标识分为高自然性的品牌标识和低自然性的品牌标识，而且我们预计这两种不同自然性水平（低自然性 vs. 高自然性）的品牌标识对品牌刺激个性感知存在差异化的影响（假设1）。为了验证该假设，研究1a参照Newmange和Dhar（2014）的实验范式，以真实品牌ins为例，采用情景实验的方法来检验研究一的主效应。具体来说，实验1选择了一组不同自然性水平（低自然性 vs. 高自然性）的相机图案品牌标识，并检验了在这两种情景下品牌标识自然性对品牌刺激个性感知影响结果的差异。结果发现，不同自然性水平的品牌标识对品牌刺激个性感知的影响是存在显著差异的，即相对于高自然性的品牌标识，低自然性的品牌标识对品牌刺激个性感知的影响更积极。此外，我们进一步检验了品牌标识自然性对其他几个维度（纯真、能力、成熟和粗犷）的品牌个性感知的影响。结果发现，对于品牌个性的其他四个维度来说，这两组不同自然性水平（低自然性 vs. 高自然性）的品牌标识带来的影响不存在显著差异。因此，假设1得到充分的数据支持。

（2）进一步检验了品牌标识创造性感知在品牌标识自然性对品牌刺激个性感知影响过程中的中介作用

我们预计品牌标识创造性感知在品牌标识自然性对品牌刺激个性感知的影响过程中起到中介作用（假设2）。为了验证这一假设，研究1b参照Newmange和Dhar（2014）的实验范式，以虚拟品牌"品冠乳业公司"为例，采用情景实验的方法来检验品牌标识创造性感知的中介效应。具体来说,实验 2 选取的是一组与品牌产品相关性较高的奶牛图案品牌标识,较好地验证了品牌标识创造性感知的中介作用存在。为了进一步排除品牌标识与品牌产品之间相关性对品牌标识自然性效应的干扰,研究 1b 继续开展了实验 3。不同于实验 2 选取的是与品牌产品高相关性的品牌标识组合,实验 3 的刺激材料换成了与品牌产品相关性较低的一组皇冠图案品牌标识,进一步重复了实验 2 的研究结果。通过研究 1b 的两个实验,本书发现,品牌标识是一个有助于消费者解读品牌个性的关键视觉线索,相对于高自然性的品牌标识,低自然性的品牌标识更具有创造性,很容易让消费者联想到其所属的品牌是一个敢于打破常规、大胆创新、富有冒险精神的品牌,即品牌更符合刺激个性。因此,假设 2 得到充分的数据支持。

(3) 检验了品牌标识自然性水平与产品类型匹配对品牌刺激个性感知的影响

我们预计产品类型会调节品牌标识自然性对品牌刺激个性感知的影响(假设 3),为了检验这一假设,实验 4 参照 Newmange 和 Dhar(2014)的实验范式,以虚拟品牌"森记木制品餐具公司"和"艾格玻璃制品餐具公司"为例,采用情景实验的方法来检验本书的中介效应。具体来说,本书基于产品成分的差异将产品分为自然成分产品和人造成分产品,与品牌标识自然性不太一样的是,自然成分产品的自然强调无人为干预的成分。实验 4 的数据分析结果表明,相对于高自然性的品牌标识,低自然性的品牌标识与人造成分产品匹配时,对品牌刺激个性感知的影响最积极。

虽然实验 4 的结果再次检验了研究 1a 的结论,但是我们不得不考虑另外一种情况,在营销实践中还存在许多自然属性较低的人造成分产品,对于这类人造成分产品,实验 4 的结论是否具有普适性,我们不得而知。因此,研究 1c 还开展了实验 5,作为补充实验。研究表明,实验 5 的研究结果进一步重复了实验 4 的结论,这意味着对于一些自然属性较低的人造产品,消费者还是认为它们与低自然性的品牌标识更匹配。因此,假设 3 得到充分的数据支持。

(4) 检验了品牌标识自然性与品牌刺激个性的匹配对基于消费者要素的品牌资产的影响

在研究一中,我们通过 3 个研究共 5 个实验,充分论证了相对高自然性的品牌标识,低自然性的品牌标识看起来更具有创造性,对品牌刺激个性感知的影响更积极；而且对于人造成分产品的品牌，选择低自然性的品牌标识要比选择高自然性的品牌标识更能彰显品牌的刺激个性特征。低自然性的品牌标识与刺激个性定位品牌之间的匹配会对品牌资产产生积极的影响吗？为了解答这一问题，研究二依据两种不同的品牌资产评估方法展开了两个研究来检验品牌标识自然性与品牌刺激个性的匹配对品牌资产的溢出效应。其中，研究 2a 通过两个实验分别对不同类型的品牌个性进行了标准的操控，并证实了相对高自然性的品牌标识，低自然性的品牌标识与品牌刺激个性的匹配对品牌评价（基于消费者要素的品牌资产）的影响更积极，而且这一影响过程受到品牌标识与品牌感知一致性的中介作用。因此，假设 4a 和假设 4b 成立。

（5）检验了品牌标识自然性与品牌刺激个性的匹配对基于财务要素的品牌资产的影响

为了进一步证实品牌标识自然性与品牌刺激个性的交互效应在营销实践中确实存在，研究 2b 通过市场上真实的二手数据检验了品牌标识的低自然性与品牌刺激个性的匹配对品牌市场财务估值（基于财务要素的品牌资产）的积极影响，而且这一影响过程受到品牌评价（基于消费者要素的品牌资产）的中介作用。因此，假设 5a 和假设 5b 成立。

综上，本书提出的所有研究假设均得以充分地验证。

6.2　理论贡献和营销启示

6.2.1　理论贡献

本书以品牌标识视觉呈现的自然性作为切入点，深入探究了品牌标识自然性与品牌个性的匹配对品牌资产的影响，具体来说，通过两个正式研究检验了（1）品牌标识自然性对品牌刺激个性特征感知的积极影响，以及品牌标识创造性感知在这一影响过程中的中介作用和产品类型在这一影响过程中的调节作用；（2）品牌标识自然性与品牌刺激个性特征的匹配对品牌评价（基于消费者要素的品牌资产）的积极影响，以及品牌标识与品牌感知一致性在这一影响过程中的中介作用；（3）品牌标识自然性与品牌刺激个性特征的匹配对品牌市场财务估值（基于财务要素的品牌资产）的积极影响，以及品牌评价在这一影响过程中的中介作用。这两个研究还考察了不同的品牌标识类别、产品类别及品牌个性特征被操控与否的情景，提高了本书的外部效度和说服力。总的来说，本书的研究不仅丰富了品牌标识视觉呈现方式对消费者影响的研究，而且是对品牌个性理论和品牌资产理论研究的有益补充。本书的理论贡献主要体现在以下几个方面：

（1）深化了品牌标识的视觉呈现方式对品牌个性感知影响的研究

以往学者们对品牌标识的视觉呈现方式的研究都聚焦在品牌标识的动态性（Brasel and Hagtvedt，2016）、稳定性（Rahinel and Nelson，2016）、对称性（Luffarelli et al.，2019；Bajaj and Bond，2018）、完整性（Hagtvedt，2011）以及复杂性（Van and Das，2016）等高层次的视觉风格特征对消费者认知和行为反应的影响，但是，关于自然性这种低层次设计的品牌标识视觉呈现方式对消费者认知和行为反应影响的问题，鲜有文献涉及。而且传统的关于视觉自然性的研究都提倡品牌的广告和包装设计等应该尽可能自然（Torres et al.，2019）。本书重点考察品牌标识的视觉低自然性效应，结果发现，相对于高自然性的品牌标识，低自然性的品牌标识对品牌刺激个性感知的影响更积极，这一发现不仅为低层次的品牌标识视觉呈现方式（自然性）对品牌个性感知影响的研究提供了充分的理论依据，而且是对视觉自然性效应相关理论研究的有益补充。

（2）从品牌标识创造性感知的角度拓展了图式理论的解释机制

以往关于视觉自然性效应的解释机制文献中（Torres et al.，2019；Joana et al.，2012，2015），很少有研究从消费者对品牌标识视觉加工方式视角来探讨不同自然性水平（低自然性 vs. 高自然性）的视觉沟通形式是否会引发消费者不同的信息加工方式并产生不同的联想。基于此，本书以品牌标识视觉呈现的自然性作为切入点，从品牌标识视觉加工方式的视角探究了消费者对不同自然性水平的品牌标识是否会产生差异化的视觉感受，进而对品牌刺激个性特征做出差异化的解读。结果发现，不同于高自然性的品牌标识与消费者的既定图式更加一致，低自然性的品牌标识与消费者既定的图式不太一致，看起来更具有创造性，更容易让消费者联想到该品牌是一个敢于打破常规、大胆创新以及富有冒险精神和想象力（刺激个性）的品牌，这一发现进一步拓展了图式理论在品牌标识对消费者认知和行为反应影响领域的应用范围。

（3）从产品类型层面拓展了品牌标识视觉低自然性效应的应用范围

产品是品牌标识的一个重要载体，产品类型与品牌标识的类型存在是否匹配的问题，而这种匹配对消费者流畅地解读品牌个性至关重要。基于此，本书还考察了产品类型（自然成分产品 vs. 人造成分产品）与品牌标识类型的匹配是否会调节品牌标识自然性对品牌刺激个性感知的影响。结果发现，相对于自然成分产品，人造成分产品与低自然性的品牌标识匹配时对品牌刺激个性感知的影响更积极，这一发现从产品类型层面进一步拓展了品牌标识视觉低自然性效应研究领域的应用范围。

（4）拓展了视觉意象理论的研究

另外，以往关于品牌视觉营销的研究大多从消费者类型（Wyer，Hung and Jiang，2008）、产品类型（Yoo and Kim，2014；Maier and Dost，2018）以及品牌标识的文字（Hagtvedt，2011）、形状（Jiang et al.，2016）和颜色（Sundar and Kellaris，2017）等角度来探讨消费者视觉意象的前置因素。本书从品牌标识自然性这一视角考察了其如何影响消费者的视觉意象生成并最终影响他们对品牌刺激个性的解读。结果发现，与高自然性的品牌标识相比，低自然性的品牌标识更容易吸引消费者对品牌的关注（Rubera et al.，2010；Brand，2015）并激活其对创造性的感知，进而这种感知通过意象生成过程影响消费者对品牌属性的判断（Jiang et al.，2016），促使品牌被想象为更加富有想象力、敢于打破常规、时尚的和独特的，这些特征与品牌的刺激个性更加一致。这一发现拓展了视觉意象理论在品牌标识自然性对消费者认知和行为反应影响领域的应用范围。

（5）拓展了品牌资产理论的研究

一个强大的品牌离不开良好的品牌个性和精心设计的品牌标识。现有的关于品牌资产的文献研究，大多是分别探讨品牌标识（Luffarelli，Stamatogiannakis and Yang 2019；Luffarelli，Mukesh and Mahmood，2019）或品牌个性（Aaker，1996；Keller，1993；Vahdati et al.，2016）对品牌资产的影响，但是，品牌元素之间的一致性可能会带来更积极的影响，基于此，本书深入地考察了品牌标识自然性与品牌刺激个性特征的匹配对品牌资产的溢出效应。此外，考虑到品牌资产的评估可以基于不同的要素来进行，本书有针对性地分别探究了品牌标识自然性与品牌刺激个性特征的匹配对基于消费者要素的品牌资产和基于财务要素的品牌资产的影响。本书还尝试分析了这两种不同评估方法的品牌资产之间的联系，并证实了良好的品牌评价（基于消费者要素的品牌资产）有利于促进品牌的财务表现（基于财务要素的品牌资产）。因此，本书的研究不仅丰富了品牌资产前置因素的相关研究，而且拓展了不同评估方法的品牌资产之间关系理论的研究。

6.2.2　营销启示

本书的研究结果对品牌管理者如何进行品牌标识的选择、设计和修改具有重要的指导意义，具体如下：

（1）品牌管理者要针对自身品牌个性特点来选择对应的自然性水平品牌标识

在营销实践中，如果品牌管理者希望在消费者心中营造一个刺激（时尚的、有活力的、富有想象力的以及现代的）的品牌个性形象，最好不要使用高自然性的品牌标识；尤其是当品牌标识的创造性感知对消费者关于品牌的期望非常重要时，应该优先考虑使用低自然性的品牌标识。

（2）品牌管理者可以根据不同的产品类型来选择适当的自然性水平的品牌标识

在营销实践中，如果品牌的产品主要是人造成分较高的产品时，品牌管理者应该尽量避免使用高自然性的品牌标识，更多地选择低自然性的品牌标识，才能更好地彰显品牌的刺激个性特征。即使是添加了少量自然成分的人造产品，也应该沿袭上述建议，以帮助消费者根据品牌标识的类型来准确地解读品牌个性。因为真实的视觉线索是消费者进行品牌个性解读的核心要素，意味着品牌的一致性和质量承诺。对于一个自然成分较低的人造成分产品品牌，如果冒险使用高自然性的品牌标识，可能会误导消费者对产品属性的判断，带来极其负面的品牌属性评价。所以，本书建议这类产品品牌的管理者秉着实事求是的原则，最好使用低自然性的品牌标识，来对其产品和品牌进行客观的宣传，这样会更有利于消费者对其品牌个性的解读。

（3）充分认识并利用品牌个性特征与品牌标识自然性水平匹配的积极溢出效应

品牌营销人员还应该认识到视觉感官刺激（品牌标识设计特征）与心理认知（品牌个性感知）的一致性的重要性，因为当品牌刺激个性特征与品牌标识自然性相匹配时会产生积极的溢出效应，更有利于消费者对品牌的评价（基于消费者要素的品牌资产）以及品牌的市场财务估值（基于财务要素的品牌资产）。另外，具有刺激个性的品牌在各个行业和市场上都很常见，品牌营销人员需要充分认识并利用低自然性的品牌标识对刺激个性品牌的品牌资产的积极影响，从而优化品牌资产的价值。

（4）根据品牌个性定位与其品牌标识类型匹配情况考虑是否重新设计或修改品牌标识

无论是新品牌还是老品牌，品牌标识的选择和设计都是它们不得不考虑的问题，尤其是品牌标识的修改确实是品牌在激烈的竞争环境中非常普遍的做法。现实中，许多品牌会根据发展需要来修改其品牌标识，但是，这些营销策略和努力通常与消费者对该品牌的期望背道而驰。可见，换错了品牌标识会贻笑大方，换对了品牌标识才是双赢。本书的研究可以作为品牌管理者修改品牌标识的理论指导，建议刺激个性的品牌最好采用低自然性的品牌标识。而且更重要的是，如果品牌现有的标识自然性水平（低自然性 vs. 高自然性）与其品牌个性并不匹配，那么品牌管理者可以参考本书的研究结论，按照需要对其品牌标识进行适当的修改。

6.3 研究局限和未来研究方向

6.3.1 研究局限

本书的研究在具体的实施过程中还存在一定的局限性，主要表现在以下几个方面：

（1）实验被试的选择

本书的情景实验全部从网上招募在校大学生作为被试，他们的同质性相对较高，可能的混淆变量相对更少，这么做确实可以在一定程度上确保操纵的纯粹和干净。但是以后为了提高本书研究结论的外部效度，还可以考察其他一些具备代表性的群体，如不同行业和领域的在职人员，提高本书样本的全面性和代表性。

（2）研究方法的选择

本书的研究主要采用问卷调查和情景实验法，因为这类研究方法对很多因素进行了严格的操控，结构效度也比较高。而二手数据的采用相对较少，本书的结论如果想要在营销实践中进行更切实际和有效的推广，可能还需要更多额外的和更客观的二手数据来进一步验证。

（3）其他控制变量的选择

可能还有一些其他的变量会干扰品牌标识自然性对品牌刺激个性感知和品牌资产的影响，如加工记忆能力因素。加工记忆能力是消费者产生视觉意象的必要条件，拥有较强的加工记忆能力更有利于视觉加工记忆任务的执行。消费者的视觉加工记忆主要是基于两个系统的工作，其中一个是处理视觉空间信息的系统，另一个是处理语言认知信息的系统。增加视觉加工记忆任务，不仅会导致消费者加工较多的无关信息而减少对主要视觉任务的执行，产生视觉负荷，还可能会对消费者的认知系统施加压力，产生认知负荷，进而弱化消费者对产品或品牌属性的判断。因此，品牌标识视觉低自然性效应可能还会受到视觉负荷和认知负荷的影响。此外，情感因素也可以纳入未来的研究中，来进一步探讨消费者在处理不同类型的品牌标识视觉信息过程中的享受程度所带来的积极影响。

6.3.2　未来研究方向

品牌标识作为一种重要的营销工具，倾注了品牌管理者和营销人员的大量精力，虽然本书全面分析了图形品牌标识自然性对品牌刺激个性感知及品牌资产的影响，但是本书的研究属于一个初步的探索性研究。消费者对视觉低自然性的认知和理解仍是一个典型的空缺，在未来的研究中，学者们还可以进一步探讨更多有价值的研究问题。

（1）从对购买意愿以及其他可能的行为反应影响的视角

本书为了控制其他变量的影响，只研究了不同自然性水平视觉呈现方式的品牌标识对品牌刺激个性感知及品牌资产的影响，至于消费者对产品的评价和购买意愿，本书并没有深入地进行探索和阐述。但是，消费者对品牌个性的感知最终要落实到消费者的具体意愿和行为上。所以，未来的研究可以进一步考察不同自然性水平的品牌标识对消费者支付意愿、购买意愿以及其他行为反应的影响。

（2）从高自然性的品牌标识对消费者认知和行为反应影响的视角

　　本书在考察品牌标识自然性对消费者视觉加工和品牌认知的影响时，重点考察了不同自然性水平的品牌标识对品牌刺激个性感知的差异化影响，并证实了相对于高自然性的品牌标识，低自然性的品牌标识更适合刺激个性特征的品牌。未来研究可以进一步考察高自然性的品牌标识对消费者的视觉加工以及产品评价和购买意愿有何特定的影响及其背后机制，从而丰富有关视觉自然性的相关理论研究。

　　（3）从其他边界条件的视角

　　本书的研究考察了产品类型对品牌标识视觉低自然性效应的调节作用，但是否还存在一些其他的调节变量可能会作用于品牌标识自然性对品牌刺激个性感知差异化的影响，值得学者们进一步去挖掘和探讨。例如，不同类型的消费者对同一类型的品牌标识的视觉加工方式可能会存在一定的差异，未来研究可以进一步考察消费者类型是否会调节品牌标识的视觉低自然性效应。此外，消费者对视觉自然性的认知可能还会由于文化价值观的不同而有所差异，未来的研究还可以尝试探讨跨文化背景下，品牌标识自然性对品牌个性的感知有何差异化的解释，来进一步拓展本书的应用范围。

　　（4）从研究方法入手

　　由于获取数据技术的不完善以及控制其他混淆变量的难度较大，本书的研究只是简单地进行了二手数据的验证。随着数据抓取技术的不断发展以及数据获取方式越来越便捷，未来的研究可以考虑对更多真实的品牌市场营销数据进行跟踪调研，来进一步分析品牌标识视觉低自然性对品牌资产的溢出效应，并在此基础上提出新的甚至更完善的概念模型。

参 考 文 献

[1] 曹丹. 基于品牌个性纬度对消费者自我概念和时尚导向关系的实证研究. 管理世界, 2018, 34 (8)：186-187.

[2] 陈卓浩, 鲁直. 品牌个性匹配对品牌延伸态度影响研究——基于感知匹配度内涵的分析 [J]. 中国工业经济, 2008, 11 (10)：85-96.

[3] 何佳讯. 品牌个性认知对品牌延伸评价影响的再研究——兼论上海冠生园的品牌延伸新策略 [J]. 华东师范大学学报 (哲学社会科学版), 2011, 43 (2)：74-83.

[4] 胡桂梅, 王海忠, 沈曼琼. 品牌个性对跨国零售品牌感染效应的影响研究 [J]. 管理学报, 2018, 15 (11)：111-121.

[5] 黄静. 品牌管理 [M]. 武汉：武汉大学出版社, 2015：60-79.

[6] 黄胜兵, 卢泰宏. 品牌个性维度的本土化研究 [J]. 南开管理评论, 2003, 6 (1)：4-9.

[7] 姬瑞海. 产品造型材料与工艺 [M]. 北京：北京交通大学出版社, 2010：83-106.

[8] 江红艳, 武越天, 孙配贞. 品牌标识形状对品牌延伸评价的影响机制研究 [J]. 南大商学评论, 2018 (4)：104-122.

[9] 景奉杰, 石华瑀, 牛亚茹. 品牌标识边框对品牌态度的影响机制探究 [J]. 经济与管理评论, 2019, 35 (1)：45-56.

[10] 王海忠, 范孝雯, 欧阳建颖. 消费者自我构念、独特性需求与品牌标识形状偏好 [J]. 心理学报, 2017, 49 (8)：1113-1124.

[11] 王海忠, 秦深, 刘笛. 奢侈品品牌标识显著度决策：张扬还是低调——自用

和送礼情形下品牌标识显著度对购买意愿的影响机制比较［J］.中国工业经济, 2012, 28（11）：148-160.

［12］王霞, 邹德强, 赵平. 广告诉求与品牌个性感知差异对消费者购买意愿的影响研究［J］.管理学报, 2012, 9（4）：555-561.

［13］魏华, 汪涛, 冯文婷, 丁倩. 文字品牌标识正斜对消费者知觉和态度的影响［J］.管理评论, 2018, 30（2）：136-145.

［14］谢毅, 彭泗清. 品牌个性对品牌态度和购买意向的影响研究：中外品牌的跨行业比较. 管理评论, 2012, 24（12）：84-92.

［15］张军. 人造产品不能完全替代自然产品［J］.中国统计, 2007, 13（5）：52-54.

［16］赵红, 张晓丹. 基于品牌个性维度的品牌定位诊断方法及实证研究［J］.管理学报, 2010, 7（7）：1039-1045.

［17］钟科, 王海忠. 品牌拉伸效应：品牌标识形状对产品时间属性评估和品牌评价的影响［J］.南开管理评论, 2015, 18（1）：64-76.

［18］Aaker, D. A. Managing brand equity：capitalizing on the value of a brand name［M］. New York：The Free Press, 1991：58-117.

［19］Aaker, D. A. Measuring brand equity across products and markets［J］. California Management Review, 1996, 38（3）：102-120.

［20］Aaker, D. A. , Erich, J. Brand leadership［M］. New York：Free Press, 2000：87-95.

［21］Aaker, J. L. Dimensions of brand personality［J］. Journal of Marketing Research, 1997, 34（3）：347-356.

［22］Aaker, J. L. The malleable self：the role of self-expression in persuasion［J］. Journal of Marketing Research, 1999, 36（1）：45-57.

［23］Aaker, J. L. , Benet-Martinez, V. , Garolera, J. Consumption symbols as carriers of culture：a study of japanese and spanish brand personality constructs［J］. Journal of Personality and Social Psychology, 2001, 81（3）：492-508.

［24］Aaker, J. L. , Fournier, S. Brand as a character, a partner and a person：three perspectives on the question of brand personality［J］. Advances in Consumer

Research, 1995, 22 (1): 391-395.

[25] Aaker, J. L. , Fournier, S. , Brasel, S. A. When good brands do bad [J]. Journal of Consumer Research, 2004, 31 (1): 1-16.

[26] Aaker, J. L. , Vohs, K. D. , Mogilner, C. Nonprofits are seen as warm and for-profits as competent: firm stereotypes matter [J]. Journal of Consumer Research, 2010, 37 (2): 224-237.

[27] Acar, S. , Burnett, C. , Cabra, J. F. Ingredients of creativity: originality and more [J]. Creativity Research Journal, 2017, 29 (2): 133-144.

[28] Aggarwa, P. , Mcgill, A. L. Is that car smiling at me? schema congruity as a basis for evaluating anthropomorphized products [J]. Journal of Consumer Research, 2007, 34 (4): 468-479.

[29] Ahluwalia, R. , Burnkrant, R. E. , Unnava, H. R. Consumer response to negative publicity: the moderating role of commitment [J]. Journal of Marketing Research, 2000, 37 (2): 203-214.

[30] Alden, D. L. , Mukherjee, A. , Hoyer, D. The effect of incongruity, surprise and positive moderators on perceived humor in television advertising [J]. Journal of Advertising, 2000, 29 (2): 1-15.

[31] Ampuero, O. , Vila, N. Consumer perceptions of product packaging [J]. Journal of Consumer Marketing, 2006, 23 (2): 100-112.

[32] Anderson, Norman. H. , Clifford, A. B. Performance = motivation × ability: an integration theoretical analysis [J]. Journal of Personality and Social Psychology, 1974, 30 (5): 598-604.

[33] Ang, S. H. , Lim, E. A. C. The influence of metaphors and product type on brand personality perceptions and attitudes [J]. Journal of Advertising, 2006, 35 (2): 39-53.

[34] Argyriou, E. Consumer intentions to revisit online retailers: a mental imagery account [J]. Psychology of Marketing, 2012, 29 (1): 25-35.

[35] Aromaa, A. , Sauli, S. Smart bath: emotional softens home technology [M]. Empathic Design, Eds. Ipo Koskinen, Katja Battarbee, and Tuuli Mattelmaki, It

Press, 2003: 51-57.

[36] Astous, A. , Boujbel, L. Positioning countries on personality dimensions: scale development and implications for country marketing [J]. Journal of Business Research, 2007, 60 (3): 231-239.

[37] Astous, A. , Colbert, F. , Fournier, M. An experimental investigation of the use of brand extension and co-branding strategies in the arts [J]. Journal of Services Marketing, 2007, 21 (4): 231-240.

[38] Astous, A. , Levesque, M. A scale for measuring store personality [J]. Psychology and Marketing, 2003, 20 (5): 455-469.

[39] Atilgan, E. , Aksoy, S. , and Akinci, S. Determinants of the brand equity [J]. Marketing Intelligence and Planning, 2007, 23 (3): 237-248.

[40] Aydinoğlu, N. Z. , Cian, L. Show me the product, show me the model: effect of picture type on attitudes toward advertising [J]. Journal of Consumer Psychology, 2014, 24 (4): 506-519.

[41] Azoulay, A. , Kapferer, J. N. Do brand personality scales really measure brand personality [J]. Journal of Brand Management, 2003, 11 (2): 143-155.

[42] Babin, L. A. , Burns, A. C. Effects of print Ad pictures and copy containing instructions to imagine on mental imagery that mediates attitudes [J]. Journal of Advertising, 1997, 26 (2): 33-44.

[43] Babin, L. A. , Burns, A. C. , Biswas, A. A framework providing direction for research on communications effects of mental imagery-evoking [J]. Advances in Consumer Research, 1992, 19 (1): 621-629.

[44] Baddeley, A. D. Working memory [M]. Oxford, UK: Oxford University Press, 1986: 317-329.

[45] Baddeley, A. D. The episodic buffer: a new component of working memory [J]. Trends in Cognitive Sciences, 2000, 4 (2): 126-145.

[46] Bajaj, A. , Bond, S. D. Beyond beauty: design symmetry and brand personality [J]. Journal of Consumer Psychology, 2017, 28 (1): 77-98.

[47] Barsalou, Lawrence W. Perceptions of perceptual symbols [J]. Behavioral and

Brain Sciences, 1999, 22 (4): 637-660.

[48] Batra, R., Donald, R. L., Dipinder, S. The brand personality component of brand goodwill: some antecedents and consequences [M] //David A. Aaker and Alexander Biel. Brand Equity and Advertising. Hillsdale, NJ: Lawrence Erlbaum Associates, 1993: 42-56.

[49] Batra, R. K., Ghoshal, T. Fill up your senses: a theory of self-worth restoration through high-intensity sensory consumption [J]. Journal of Consumer Research, 2018, 44 (4): 916-938.

[50] Batson, C. D., Valerie, L. C., Jakob, H. E., Jennifer, L. H., Biaggio, G. O. An additional antecedent of empathic concern: valuing the welfare of the person in need [J]. Journal of Personality and Social Psychology, 2007, 93 (7): 65-74.

[51] Baxter, S. M., Ilicic, J., Kulczynski, A. Roses are red, violets are blue, sophisticated brands have a tiffany hue: the effect of iconic brand color priming on brand personality judgments [J]. Journal of Brand Management, 2018, 25 (4): 384-394.

[52] Bearden, W. O., Hardesty, D. M., Rose, R. L. Consumer self-confidence: refinements in conceptualization and measurement [J]. Journal of Consumer Research, 2001, 28 (1): 121-134.

[53] Belk, R. Possessions and the extended self [J]. Journal of Consumer Research, 1988, 15 (3): 139-168.

[54] Berry, L. L. Cultivating service brand equity [J]. Journal of the Academy of Marketing Science, 2000, 28 (1): 128-137.

[55] Berthon, P., Holbrook, M. B., Hulbert, G. J. Understanding and managing the brand space [J]. Mit Sloan Management Review, 2003, 44 (2): 49-54.

[56] Bettels, J., Wiedmann, K. P. Brand logo symmetry and product design: the spillover effects on consumer inferences [J]. Journal of Business Research, 2019, 97 (1): 1-9.

[57] Biel, A. Converting image into equity—brand equity and advertising [M].

Hillsdale, NJ: Lawrence Erlbaum Associates, 1993: 129-137.

[58] Bird, Laura. Eye-catching logos all too often leave fuzzy images in minds of consumers [J]. The Wall Street Journal, 1992, 12 (5): 1-3.

[59] Blackston, M. Beyond brand personality: building brand relationships—brand equity and advertising: advertising's role in building strong brands [M]. Hillsdale, NJ: Lawrence Erlbaum Associates, 1993: 113-124.

[60] Blijlevens, J. , Carbon, C. C. , Mugge, R. , Schoormans, J. P. Aesthetic appraisal of product designs: independent effects of typicality and arousal [J]. British Journal of Psychology, 2012, 103 (1): 44-57.

[61] Bodenhausen, G. V. Emotions, arousal, and stereotypic judgments: a heuristic model of affect and stereotyping [M]. New York: Free Press, 1993: 106-113.

[62] Bone, P. F. , Ellen, P. S. The generation and consequences of communication—evoked imagery [J]. Journal of Consumer Research, 1992, 19 (1): 93-104.

[63] Bottomley, P. A. , Doyle, J. R. The interactive effects of colors and products on perceptions of brand logo appropriateness [J]. Marketing Theory, 2006, 6 (1): 63-83.

[64] Brahmbhatt, D. , Shah, J. Determinants of brand equity from the consumer's perspective: a literature review [J]. Journal of Brand Management, 2017, 14 (4): 33-46.

[65] Brakus, J. J. , Schmitt, B. H. , Zarantonello, L. Brand experience: what is it? how is it measured? does it affect loyalty? [J]. Journal of Marketing, 2009, 73 (3): 52-68.

[66] Brasel, S. , Hagtvedt, H. Living brands: consumer responses to animated brand logos [J]. Journal of the Academy of Marketing Science, 2016, 44 (5): 639-653.

[67] Brewer, W. F. , Nakamura, G. V. The nature and functions of schemas—handbook of social cognition [M]. Hillsdale, NJ: Lawrence Erlbaum Associates, 1984: 119-160.

[68] Brown, S. , Sherry, J. F. , Kozinets, R. V. Teaching old brands new tricks: retro

branding and the revival of brand meaning [J]. Journal of Marketing, 2003, 67 (3): 19-33.

[69] Broyles, S. A., Schumann, D. W., Leingpibul, T. Examining brand equity antecedent/consequence relationships [J]. Journal of Marketing Theory and Practice, 2009, 17 (2): 145-161.

[70] Caprara, G. V., Barbaranelli, C., Guido, G. Brand personality: how to make the metaphor fit? [J]. Journal of Economic Psychology, 2001, 22 (3): 377-395.

[71] Chamorropremuzic, T., Reimers, S., Hsu, A., Ahmetoglu, G. Who art thou? personality predictors of artistic preferences in a large uk sample: the importance of openness [J]. BritishJournal of Psychology, 2009, 100 (3): 501-516.

[72] Chartrand, T. L., John, A. B. The chameleon effect: the perception behavior link and social interaction [J]. Journal of Personality and Social Psychology, 1999, 76 (6): 893-910.

[73] Chaudhuri, A., Holbrook, M. B. The chain of effects from brand trust and brand affect to brand performance: the role of brand loyalty [J]. Journal of Marketing, 2001, 65 (2): 81-93.

[74] Childers, T. L., Houston, M. J. Conditions for a picture-superiority effect on consumer memory [J]. Journal of Consumer Research, 1984, 11 (2): 643-649.

[75] Christensen, B. T., Christian, D. S. Putting blinkers on a blind man: providing cognitive support for creative processes with environmental cues tools for innovation [M]. Oxford: Oxford University Press, 2009: 48-74.

[76] Cian, k., A. L., Elder, R. S. A sign of things to come: behavioral change through dynamic iconography [J]. Journal of Consumer Research, 2015, 41 (6): 1426-1446.

[77] Cian, L., Krishna, A., Elder, R. This logo moves me: dynamic imagery from static images [J]. Social Science Electronic Publishing, 2014, 12 (1): 184-197.

[78] Cian, K., A., L., Aydınoğlu, N. Z. Sensory aspects of package design [J].

Journal of Retailing, 2017, 93 (1): 43-54.

[79] Claypool, H. M. , Donal, E. C. The effects of verbal and visual interference on impressions: an associated-systems approach [J]. Journal of Experimental Social Psychology, 2002, 38 (4): 425-433.

[80] Compeau, L. D. , Dhruv, G. , Kent, B. M. Role of prior affect and sensory cues on consumers' affective and cognitive responses and overall perceptions of quality [J]. Journal of Business Research, 1998, 42 (3): 295-308.

[81] Crilly, N. , Moultrie, J. , Clarkson, P. J. Seeing things: consumer response to the visual domain in product design [J]. Design Studies, 2004, 25 (6): 547-577.

[82] Dahl, D. W. , Amitava, C. , Gerald, J. G. The use of visual mental imagery in new product design [J]. Journal of Marketing Research, 1999, 36 (1): 18-28.

[83] Dahlén, M. , Lange, F. To challenge or not to challenge: ad-brand incongruency and brand familiarity [J]. Journal of Marketing Theory and Practice, 2004, 12 (3): 20-35.

[84] Datta, H. , Kusum, L. A. , Harald, J. V. H. How well does consumer-based brand equity align with sales based brand equity and marketing mix response [J]. Journal of Marketing, 2017, 81 (3): 1-20.

[85] Davies, G. , Chun, R. , Da Silva, R. V. , Roper, S. A corporate character scale to assess employee and customer views of organization reputation [J]. Corporate Reputation Review, 2004, 7 (2): 125-146.

[86] Deng, X. , Barbara, E. K. Is your product on the right side? the location effect on perceived product heaviness and package evaluation [J]. Journal of Marketing Research, 2009, 46 (12): 725-738.

[87] Desarbo, W. S. , Benedetto, C. A. D. , Kamel, J. , Song, M. Identifying sources of heterogeneity for empirically deriving strategic types: a constrained finite-mixture structural equation methodology [J]. Management Science, 2006, 52 (6): 909-924.

［88］ Deshon, R. P. A cautionary note on measurement error corrections in structural equation models ［J］. Psychology Methods, 1998, 3 (4): 412-423.

［89］ Diamantopoulos, A., Smith, G., Grime, I. The impact of brand extensions on brand personality: experimental evidence ［J］. European Journal of Marketing, 2005, 39 (1): 129-149.

［90］ Dolich, I. J. Congruence relationship between self-image and product brands ［J］. Jounuil of Marketing Research, 1969, 6 (2): 80-84.

［91］ Drolet, A., Mary, F. L. The rationalizing effects of cognitive load on response to emotional trade off difficulty ［J］. Journal of Consumer Research, 2004, 31 (1): 63-77.

［92］ Ekinci, Y., Hosany, S. Destination personality: an application of brand personality to tourism destinations ［J］. Journal of Travel Research, 2006, 45 (2): 127-139.

［93］ Elder, R. S., Schlosser, A. E., Poor, M., Xu, L. So close i can almost sense it: the interplay between sensory imagery and psychological distance ［J］. Journal of Consumer Research, 2017, 44 (4): 877-894.

［94］ Epstein, S. Traits are alive and well—personality lit the crossroads ［M］. Hillsdale, NJ: Lawrence Erlbaum As. Stkiates, 1977: 83-98.

［95］ Fajardo, T. M., Jiao Z., Tsiros, M. The contingent nature of the symbolic associations of visual design elements: the case of brand logo frames ［J］. Journal of Consumer Research, 2016, 43 (4): 549-566.

［96］ Farquhar, P. H. Managing brand equity ［J］. Marketing Research, 1989, 1 (3): 24-33.

［97］ Feiereisen, S., Wong, V., Broderick, A. J. Analogies and mental simulations in learning for really new products: the role of visual attention ［J］. Journal of Product Innovation Management, 2008, 25 (6): 593-607.

［98］ Feist, G. J., Brady, T. R. Openness to experience, nonconformity, and the preference for abstract art ［J］. Empirical Studies of the Arts, 2004, 22 (1): 77-89.

[99] Fennis, B. , Das, E. , Fransen, M. Print advertising: vivid content [J]. Journal of Business Research, 2012, 65 (6): 861-864.

[100] Fiske, S. T. Schema-triggered affect: applications to social perception [M] // Margaret S. Clark and Susan T. Fiske, Affect and cognition: the 17th Annual Carnegie Symposium on Cognition. Hillsdale, NJ: Lawrence Erlbaum Associates, 1982: 55-78.

[101] Fiske, S. T. , Pavelchak, M. A. Category-based versus piecemeal-based affective responses: developments in schema-triggered affect [M]. Higgins, New York: Guilford, 1986: 167-203.

[102] Fiske, S. T. , Taylor, S. E. Social cognition [M]. New York: Mcgraw-Hill, 1991: 55-73.

[103] Fleck, N. , and Maille, V. Thirty years of conflicting studies on the influence of congruence as perceived by the consumer: overview, limitations and avenues for research [J]. Applications in Marketing, 2010, 25 (4): 69-92.

[104] Fleck, N. D. , Quester, P. Birds of a feather flock together—definition, role and measure of congruence: an application to sponsorship [J]. Psychology and Marketing, 2007, 24 (11): 975-1000.

[105] Foumier, S. A consumer brand relationship framework for strategy brand management [J]. Unpublished Doctoral Dissertation. University of Florida, 1994.

[106] Fournier, S. Consumers and their brands: developing relationship theory in consumer research [J]. Journal of Consumer Research, 1998, 24 (4): 343-373.

[107] Freling, T. H. , Crosno, J. L. , Henard, D. H. Brand personality appeal: conceptualization and empirical validation [J]. Journal of the Academy of Marketing Science, 2011, 39 (3): 392-406.

[108] Frikha, A. , Khrouf, L. Scaling mental imagery: an application to commercial web sites [J]. International Journal of Consumer Studies, 2013, 37 (4): 401-413.

［109］ Furnham, A. , Walker, J. The influence of personality traits, previous experience of art, and demographic variables on artistic preference ［J］. Personality and Individual Differences, 2001, 31 (6): 997-1017.

［110］ Gavilan, D. , Avello, M. , Abril, C. The mediating role of mental imagery in mobile advertising ［J］. International Journal of Information Management, 2014, 34 (4): 457-464.

［111］ Girard, T. , Anitsal, M. M. , Anitsal, I. The role of logos in building brand awareness and performance: implications for entrepreneurs ［J］. Entrepreneurial Executive, 2013, 18 (1): 7-16.

［112］ Girard, T. , Trapp, P. , Pinar, M. , Gulsoy, T. , Boyt, T. E. Consumer-based brand equity of a private-label brand: measuring and examining determinants ［J］. Journal of Marketing Theory and Practice, 2017, 25 (1): 39-56.

［113］ Gomez, P. How to make non-natural products appear more natural? changes in process work better than changes in content ［J］. Marketing Dynamism and Sustainability, 2015, 12 (1): 630-640.

［114］ Gonçalves, S. M. R. Axe's brand personality and equity, consumers' perspectives on the brand's personality and equity ［D］. Msc Dissertation in Business Administration, Universidade Católica Portuguesa, 2013: 1-62.

［115］ Goodstein, R. C. Category-based applications and extensions in advertising: motivating more extensive ad processing ［J］. Journal of Consumer Research, 1993, 20 (1): 87-99.

［116］ Gorn, G. J. , Amitava C. , Tracey, Y. , Darren, W. D. Effects of color as an executional cue in advertising: they're in the shade ［J］. Management Science, 1997, 43 (10): 1387-1400.

［117］ Gorn, G. J. , Chattopadhyay, A. , Sengupta, J. , Tripathi, S. Waiting for the web: how screen color affects time perception ［J］. Journal of Marketing Research, 2004, 41 (2): 215-225.

［118］ Grewal, L. , Hmurovic, J. , Lamberton, C. , Reczek, R. W. The self-perception connection: why consumers devalue unattractive produce ［J］. Journal of

Marketing, 2019, 83 (1): 89-107.

[119] Grobert, J., Cuny, C., Fornerino, M. Surprise! We changed the logo [J]. Journal of Product and Brand Management, 2016, 25 (3): 239-246.

[120] Grohmann, B., Giese, J. L., Parkman, I. D. Using type font characteristics to communicate brand personality of new brands [J]. Journal of Brand Management, 2013, 20 (5): 389-403.

[121] Hagtvedt, H. The impact of incomplete typeface logos on perceptions of the firm [J]. Journal of Marketing, 2011, 75 (4): 86-93.

[122] Halkias, G., Kokkinaki, F. The degree of ad-brand incongruity and the distinction between schema-driven and stimulus-driven attitudes [J]. Journal of Advertising, 2014, 43 (4): 397-409.

[123] Halkias, G., Micevski, M., Diamantopoulos, A., Milchram, C. Exploring the effectiveness of foreign brand communication: consumer culture ad imagery and brand schema incongruity [J]. Journal of Business Research, 2017, 80 (3): 210-217.

[124] Hanby, T. From brand vision to brand evaluation [J]. Journal of Brand Management, 2002, 9 (3): 218-220.

[125] Hastie, R. Schematic principles in human memory [M] //E. Tory Higgins, C. Peter Herman, and Mark P. Zanna. Social cognition: the ontario symposium. Hillsdale, NJ: Lawrence Erlbaum Associates, 1981: 39-88.

[126] He, J. Sincerity, excitement and sophistication [J]. Nankai Business Review International, 2012, 3 (4): 398-412.

[127] Heckler, S. E., Childers, T. L. The role of expectancy and relevancy in memory for verbal and visual information: what is incongruency [J]. Journal of Consumer Research, 1992, 18 (4): 475-492.

[128] Helgeson, J. G., Supphellen, M. A conceptual and measurement comparison of self-congruity and brand personality, the impact of socially desirable responding [J]. International Journal of Market Research, 2004, 46 (2): 205-233.

[129] Henderson, P. W., Cote, J. A., Leong, S. M., and Schmitt, B. Building

strong brands in asia: selecting the visual components of image to maximize brand strength [J]. International Journal of Research in Marketing, 2003, 20 (4): 297-313.

[130] Henderson,P. W. , Cote, J. A. Guidelines for selecting or modifying logos [J]. Journal of Marketing, 1998, 62 (2): 14-30.

[131] Herd, K. B. , Ravi, M. , Stacy, W. Head vs. heart: the effect of objective versus feelings-based mental imagery on new product creativity [J]. Journal of Consumer Research, 2018, 46 (1): 36-52.

[132] Huang,L. , Tan, C. H. , K, W. , Wei, K. K. Comprehension and assessment of product reviews: a review-product congruity proposition [J]. Journal of Management Information Systems, 2013, 30 (3): 311-343.

[133] Hynes,N. Colour and meaning in corporate logos: an empirical study [J]. Journal of Brand Management, 2009, 16 (8): 545-555.

[134] Jacoby,L. L. , Dallas, M. On the relationship between autobiographical memory and perceptual learning [J]. Journal of Experimental Psychology, 1981, 110 (3): 306-400.

[135] Jeong,S. , Yoori, H. Does multitasking increase or decrease persuasion? effects of multitasking on comprehension and counterarguing [J]. Journal of Communication, 2012, 62 (4): 571-587.

[136] Jiang,Y. , Gorn, G. J. , Galli, M. , Chattopadhyay, A. Does your company havethe right logo? how and why circular and angular logo shapes influence brand attribute judgments [J]. Journal of Consumer Research, 2016, 42 (5): 709-726.

[137] Joana, C. M. , Leonor, V. C. , Patrício, C. , Paulo, L. Brand mergers: examining consumers' responses to name and logo design [J]. Journal of Product and Brand Management, 2012, 21 (6): 418-427.

[138] Joana,C. M. , Leonor, V. C. , Torres, A. , Patrício, C. Brand logo design: examining consumer response to naturalness [J]. Journal of Product and Brand Management, 2015, 24 (1): 78-87.

[139] Johar, G. V. , Sengupta, J. , Aaker, J. L. Two roads to updating brand personality impressions: trait versus evaluative impressions [J]. Journal of Marketing Research, 2005, 42 (4): 458-469.

[140] John, W. , Pracejus, G. , Douglas, O. , Thomas, C. O. How nothing became something: white space, rhetoric, history, and meaning [J]. Journal of Consumer Research, 2006, 33 (1): 82-90.

[141] Jun, J. W. , Lee, H. S. Cultural differences in brand designs and tag line appeals [J]. International Marketing Review, 2007, 24 (4): 474-491.

[142] Jurca, M. A. , Madlberger, M. Ambient advertising characteristics and schema incongruity as drivers of advertising effectiveness [J]. Journal of Marketing Communications, 2015, 21 (1): 48-64.

[143] Kaplan, M. D. , Yurt, O. , Guneri, B. , Kurtulus, K. Branding places: applying brand personality concept to cities [J]. European Journal of Marketing, 2010, 44 (9): 1286-1304.

[144] Keller, K. L. Conceptualizing measuring and managing customer-based brand equity [J]. Journal of Marketing, 1993, 57 (1): 1-22.

[145] Keller, K. L. Strategic brand management [M]. Upper Saddle River, NJ: Prentice-Hall, 2008: 109-115.

[146] Keller, K. L. , Heckler, S. E. , Houston, M. J. The effects of brand name suggestiveness on advertising recall [J]. Journal of Marketing, 1998, 62 (1): 48-57.

[147] Keller, K. L. , Lehmann, D. R. How do brands create value [J]. Marketing Management, 2003, 12 (3): 26-31.

[148] Kim, C. K. , Han, D. , Park, S. B. The effect of brand personality and brand identification on brand loyalty: applying the theory of social identification [J]. Japanese Psychological Research, 2001, 43 (4): 195-206.

[149] Kim, D. P. , Magnini, V. , Singal, M. The effects of customers' perceptions of brand personality in casual theme restaurants [J]. International Journal of Hospitality Management, 2011, 30 (2): 448-458.

[150] Kim,S. , Lehto, X. Y. Projected and perceived destination brand personalities: the case of South Korea [J]. Journal of Travel Research, 2012, 52 (1): 117-130.

[151] Kocak,A. , Abimbola, T. , Ozer, A. Consumer brand equity in a cross-cultural replication: an evaluation of a scale [J]. Journal of Marketing Management, 2007, 23 (1): 157-173.

[152] Koskinen,I. , Katja, B. Introduction to user experience and empathic design [M]. Helsinki: It Press, 2003: 37-50.

[153] Kosslyn, S. M. Can imagery be distinguished from other forms of internal representation? evidence from studies of information retrieval time [J]. Memory and Cognition, 1976, 4 (3): 291-297.

[154] Kotler, P. , Keller, L. K. Marketing management [M]. London: Pearson Education, 2012: 47-54.

[155] Kraus,A. , Gierl, H. The logo matters: the effect of the logo type on the attitude towards co-products [J]. International Journal of Advertising, 2017, 36 (5): 743-760.

[156] Kressmann, F. et al. Direct and indirect effects of self-image congruence on brand loyalty [J]. Journal of Business Research, 2006, 59 (9): 955-964.

[157] Krishna, A. , Ryan, S. E. , Cindy, C. Feminine to smell but masculine to touch? multisensory congruence and its effect on the aesthetic experience [J]. Journal of Consumer Psychology, 2010, 20 (4): 410-418.

[158] Krista,E. O. , Salvador, S. F. I can't believe this isn't wood! an investigation in the perception of naturalness [J]. Acta Psychologica, 2011, 136 (1): 95-111.

[159] Krupinski,E. , Paul, J. L. Skin conductance and aesthetic evaluative responses to nonrepresentational works of art varying in symmetry [J]. Bulletin of the Psychonomic Society, 1988, 26 (4): 355-358.

[160] Kum, D. , Bergkvist, L. , Lee, Y. H. , Leong, S. M. Brand personality inference: the moderating role of product meaning [J]. Journal of Marketing

Management, 2012, 28 (11): 1291-1304.

[161] Labrecque, L. I. , Milne, G. R. Exciting red and competent blue: the importance of color in marketing [J]. Journal of the Academy of Marketing Science, 2013, 40 (5): 711-727.

[162] Lakoff, G. Mapping the brain's metaphor circuitry: metaphorical thought in everyday reason [J]. Frontiers in Human Neuroscience, 2014, 8 (3): 958-972.

[163] Lakoff, G. , Johnson, M. Metaphors we live by [M]. Chicago: University of Chicago Press, 1980.

[164] Lakoff, G. , Johnson, M. Philosophy in the flesh: the embodied mind and its challenge to western thought [M]. New York: Basic Books, 1999: 102-108.

[165] Landau, M. J. , Brian, P. M. , Lucas, A. K. A metaphor-enriched social cognition [J]. Psychological Bulletin, 2010, 136 (6): 1045-1067.

[166] Landry, J. T. Making logos matter [J]. Harvard Business Review, 1998, 76 (2): 16-20.

[167] Landwehr, J. R. , Ann, L. M. , Andreas, H. It's got the look: the effect of friendly and aggressive 'facial' expressions on product liking and sales [J]. Journal of Marketing, 2011, 75 (3): 132-146.

[168] Landwehr, J. R. , Aparna, A. L. , Andreas, H. Gut liking for the ordinary: incorporating design fluency improves automobile sales forecasts [J]. Marketing Science, 2011, 30 (3): 416-29.

[169] Landwehr, J. R. , Daniel, W. , Andreas, H. Product design for the long run: consumer responses to typical and atypical designs at different stages of exposure [J]. Journal of Marketing, 2013, 77 (5): 92-107.

[170] Lanseng, E. J. , and Olsen, L. E. Brand alliances: the role of brand concept consistency [J]. European Journal of Marketing, 2012, 46 (9): 1108-1126.

[171] Larson, J. S. , Joseph, R. , Ryan, S. E. Satiation from sensory simulation: evaluating foods decreases enjoyment of similar foods [J]. Journal of Consumer Psychology, 2014, 24 (2): 188-194.

[172] Leaf, V. B. , Joanne, K. , Mcgraw, A. P. , Jeannette, D. Feeling close: emotional intensity reduces perceived psychological distance [J]. Journal of Personality and Social Psychology, 2010, 98 (6): 872-885.

[173] Leder, H. Next steps in neuro aesthetics: which processes and processing stages to study [J]. Psychology of Aesthetics, Creativity, and the Arts, 2013, 7 (1): 27-37.

[174] Leder, H. , Gerger, G. , Dressler, S. G. , Schabmann, A. How art is appreciated [J]. Psychology of Aesthetics, Creativity, and the Arts, 2012, 6 (1): 2-10.

[175] Lee, H et al. The role of temporal distance on the color of future-directed imagery: a construal level perspective [J]. Journal of Consumer Research, 2016, 43 (5): 707-725.

[176] Lee, J. , Thorson, E. The impact of celebrity-product incongruence on the effectiveness of product endorsement [J]. Journal of Advertising Research, 2008, 48 (9): 433-449.

[177] Lehmann, D. R. , Keller, K. L. , Farley, J. U. The structure of survey-based brand metrics [J]. Journal of International Marketing, 2008, 16 (4): 29-56.

[178] Lemon, K. N. , Rust, R. T. , and Zeithaml, V. A. What drives customer equity [J]. Marketing Management, 2001, 10 (1): 20-25.

[179] Levy, S. J. Symbols for sale [J]. Harvard Business Review, 1959, 37 (4): 117-124.

[180] Li, M. , Chapman, G. B. Why do people like natural? Instrumental and ideational bases for the naturalness preference [J]. Journal of Applied Social Psychology, 2012, 42 (12): 2859-2878.

[181] Lieven, T. , Grohmann, B. , Herrmann, A. , Landwehr, J. R. , Tilburg, M. V. The effect of brand design on brand gender perceptions and brand preference [J]. European Journal of Marketing, 2015, 49 (1): 146-169.

[182] Livingstone, L. P. , Nelson, D. L. , Barr, S. H. Person environment fit and creativity: an examination of supply-value and dem and ability version of fit

[J]. Journal of Management, 1997, 23 (2): 119-146.

[183] Logie, R. H. Visuo-spatial processing in working memory [J]. The Quarterly Journal of Experimental Psychology, 1986, 38 (2): 229-247.

[184] Logie, R. H., Gesualdo, M. Z., Alan, D. B. Interference with visual short-term memory [J]. Acta Psychologica, 1990, 75 (3): 55-74.

[185] Luffarelli, J., Mukesh, M., Mahmood, A. Let the logo do the talking: the influence of logo descriptiveness on brand equity [J]. Journal of Marketing Research, 2019, 56 (5): 862-878.

[186] Luffarelli, J., Stamatogiannakis, A., Yang, H. The visual asymmetry effect: an interplay of logo design and brand personality on brand equity [J]. Journal of Marketing Research, 2019, 56 (1): 89-103.

[187] Luo, C. R. Enhanced feeling of recognition: effects of identifying and manipulating test items on recognition memory [J]. Journal of Experimental Psychology, 1993, 19 (2): 405-415.

[188] Macinnis, D. J., Linda, L. P. The role of imagery in information processing: review and extensions [J]. Journal of Consumer Research, 1987, 13 (4): 473-491.

[189] Maehle, N., Supphellen, M. In search of the sources of brand personality [J]. International Journal of Marketing Research, 2011, 53 (1): 95-114.

[190] Magnier, L., Schoormans, J., Mugge, R. Judging a product by its cover: packaging sustainability and perceptions of quality in food products [J]. Food Quality and Preference, 2016, 53 (1): 132-142.

[191] Mahmood, A., Luffarelli, J., Mukesh, M. What's in a logo? The impact of complex visual cues in equity crowd funding [J]. Journal of Business Venturing, 2019, 34 (1): 41-62.

[192] Maille, V., Fleck, N. Perceived congruence and incongruence: toward a clarification of the concept, its formation and measure [J]. Recherche et Applications en Marketing, 2011, 26 (2): 77-113.

[193] Malar, L., Krohmer, H., Hoyer, W. D., Nyffenegger, B. Emotional brand

attachment and brand personality: the relative importance of the actual and the ideal self [J]. Journal of Marketing, 2011, 75 (4): 35-52.

[194] Mandler, G. The structure of value: accounting for taste, in affect and cognition: The 17th Annual Carnegie Symposium [M]. Hillsdale, NJ: Lawrence Erlbaum Associates, 1982: 3-36.

[195] Mariëlle, E. H., Creusen, M. E. H., Schoormans, J. P. L. The different roles of product appearance in consumer choice [J]. Journal of Product Innovation Management, 2004, 22 (1): 63-81.

[196] Markham, V. Planning the corporate reputation [M]. London: George Allen and Unwin, 1972.

[197] Mayall, W. H. Machines and perception in industrial design [M]. London: Studio Vista, 1986: 273-292.

[198] Mccracken, Grant. Who is the celebrity endorser? cultural foundations of the endorsement process [J]. Journal of Consumer Research, 1989, 16 (3): 310-21.

[199] Mccrae, R. R., Costa, P. T. Discriminant validity of NEO-PI-R facet scales [J]. Educational and Psychological Measurement, 1992, 52 (1): 229-237.

[200] Mcquarrie, Edward F., David Glen Mick. On Resonance: A Critical Pluralistic Inquiry Into Advertising Rhetoric [J]. Journal of Consumer Research, 1992, 19 (2): 180-197.

[201] Meier, B. P., Martin, S., Dustin, B. W. Failing to take the moral high ground: psychopathy and the vertical representation of morality [J]. Personality and Individual Differences, 2007, 43 (4): 757-767.

[202] Meier, B. P., Michael, D. R. Why the sunny side is up: associations between affect and vertical position [J]. Psychological Science, 2004, 15 (4): 243-247.

[203] Meier, B. P., Michael, D. R. Does "feeling down" mean seeing down? depressive symptoms and vertical selective attention [J]. Journal of Research in Personality, 2006, 40 (4): 451-461.

[204] Mest, C. E. Today's brands evolve through logo refreshes, image updates [J]. Hotel Management, 2015, 230 (14): 6-69.

[205] Meyers-Levy, J., Louie, T. A., Curren, M. T. How does the congruity of brand names affect evaluations of brand name extensions [J]. Journal of Applied Psychology, 1994, 79 (3): 46-53.

[206] Meyers-Levy, J., Tybout, A. M. Schema congruity as a basis for product evaluation [J]. Journal of Consumer Research, 1989, 16 (1): 39-54.

[207] Mikhailitchenko, A., Javalgi, R. G., Mikhailitchenko, G., Laroche, M. Cross-cultural advertising communication: visual imagery, brand familiarity, and brand recall [J]. Journal of Business Research, 2009, 62 (10): 931-938.

[208] Miller, D. W., Hadjimarcou, J., Miciak, A. A scale for measuring advertisement evoked mental imagery [J]. Journal of Marketing Communicating, 2000, 6 (1): 1-20.

[209] Mishra, P., Datta, B. Perpetual asset management of customer-based brand equity-the pam evaluator [J]. Current Research Journal of Social Sciences, 2011, 3 (1): 34-43.

[210] Möller, J., Herm, S. Shaping retail brand personality perceptions by bodily experiences [J]. Journal of Retailing, 2013, 89 (4): 438-446.

[211] Moorman, C., Erika, M. A model of consumers' preventive health behaviors: the role of health motivation and health ability [J]. Journal of Consumer Research, 1993, 20 (2): 208-228.

[212] Morewedge, C. K., Young, E. H., Joachim, V. Thought for food: imagined consumption reduces actual consumption [J]. Science, 2010, 33 (1): 1530-1533.

[213] Morrow, D. J. An image makeover [J]. International Business, 1992, 5 (3): 66-68.

[214] Murphy, L., Moscardo, G., Benckendorff, P. Using brand personality to differentiate regional tourism destinations [J]. Journal of Travel Research,

2007, 46（1）: 5-14.

［215］ Naletelich,K. , Paswan, A. K. Art infusion in retailing: the effect of art genres ［J］. Journal of Business Research, 2018, 85（4）: 514-522.

［216］ Newman, G. E. , Dhar, R. Authenticity is contagious: brand essence and the original source of production ［J］. Journal of Marketing Research, 2014, 51（3）: 371-386.

［217］ Nguyen, B. et al. Critical brand innovation factors（CBIF）: understanding innovation and market performance in the Chinese high-tech service industry ［J］. Journal of Business Research, 2016, 69（7）: 2471-2479.

［218］ Olsen, M. C. , Slotegraaf, R. J. , Chandukala, S. R. Green claims and message frames: how green new products change brand attitude ［J］. Journal of Marketing, 2014, 78（5）: 119-137.

［219］ Orth, U. R. , Campana, D. , Malkewitz, K. Formation of consumer price expectation based on package design: attractive and quality routes ［J］. Journal of Marketing Theory and Practice, 2010, 18（1）: 23-40.

［220］ Orth, U. R. , Malkewitz, K. Holistic package design and consumer brand impressions ［J］. Journal of Marketing, 2008, 72（3）: 64-81.

［221］ Ozanne, J. L. , Brucks, M. , Grewal, D. A study of information search behavior during the categorization of new products ［J］. Journal of Consumer Research, 1992, 18（4）: 452-463.

［222］ Page,C. , Herr, P. M. An investigation of the processes by which product design and brand strength interact to determine initial affect and quality judgments ［J］. Journal of Consumer Psychology, 2002, 12（1）: 133-147.

［223］ Paivio,A. Mental imagery in associative learning and memory ［J］. Psychology Review, 1969, 76（3）: 241-263.

［224］ Papanek, V. Design for the real world ［M］. New York: Van Nostrand, 1984: 162-180.

［225］ Park, B. A Method for studying the development of impressions of real people ［J］. Journal of Personality and Social Psychology, 1986, 51（2）: 907-917.

[226] Paulhus, D. L. , Lim, D. T. K. Arousal and evaluative extremity in social judgments: a dynamic complexity model [J]. European Journal of Social Psychology, 1994, 24 (1): 89-99.

[227] Peck, J. , Victor, A. B. , Andrea, W. In search of a surrogate for touch: the effect of haptic imagery on perceived ownership [J]. Journal of Consumer Psychology, 2013, 23 (2): 189-96.

[228] Perfetti, C. , Liu, Y. , Tan, L. H. The lexical constituency model: some implications of research on chinese for general theories of reading [J]. Psychology Review, 2005, 112 (1): 43-59.

[229] Peter, R. D. , Chattopadhyay, A. , Ashworth, L. The importance and functional significance of affective cues in consumer choice [J]. Journal of Consumer Research, 2006, 33 (3): 322-328.

[230] Peterson, M. , Alshebil, S. , Bishop, M. Cognitive and emotional processing of brand logo changes [J]. Journal of Product and Brand Management, 2015, 24 (7): 745-757.

[231] Peterson, R. A. , Jolibert, A. J. P. A meta-analysis of country-of-origin-effects [J]. Journal of International Business Studies, 1995, 26 (3): 883-900.

[232] Petrova, P. K. , Robert, B. C. Fluency of consumption imagery and the backfire effects of imagery appeals [J]. Journal of Consumer Research, 2005, 32 (3): 442-452.

[233] Phillips, B. J. , Mcquarrie, E. F. Impact of advertising metaphor on consumer belief: delineating the contribution of comparison versus deviation factors [J]. Journal of Advertising, 2009, 38 (1): 49-62.

[234] Phillips, H. Corporate logo research: a case study [J]. Journal of the Market Research Society, 1978, 20 (4): 219-227.

[235] Pittard, N. , Ewing, M. , Jevons, C. Aesthetic theory and logo design: examining consumer response to proportion across cultures [J]. International Marketing Review, 2007, 24 (4): 457-473.

[236] Plummer, J. T. Brand personality: a strategic concept for multinational

advertising [M]. New York: Young and Rubicam, 1985: 1-31.

[237] Preacher, K. J. , Hayes, A. F. SPSS and SAS procedures for estimating indirect effects in simple mediation models [J]. Behavior Research Methods, Instruments, and Computers, 2004, 36 (2): 717-731.

[238] Pringle, H. , Binet, L. How marketers can use celebrities to sell more effectively [J]. Journal of Consumer Behavior, 2005, 27 (4): 201-214.

[239] Quinn, J. G. , Jean, M. Irrelevant pictures in visual working memory [J]. The Quarterly Journal of Experimental Psychology, 1996, 49 (1): 200-215.

[240] Radler, M. V. 20 years of brand personality: a bibliometric review and research agenda [J]. Journal of Brand Management, 2017, 12 (6): 53-71.

[241] Rahinel, R. , Nelson, N. M. When brand logos describe the environment: design instability and the utility of safety-oriented products [J]. Journal of Consumer Research, 2016, 43 (10): 478-496.

[242] Rauschnabel, P. A. , Krey, N. , Babin, B. J. , Ivens, B. S. Brand management in higher education: the university brand personality scale [J]. Journal of Business Research, 2016, 69 (8): 3077-3086.

[243] Rawlings, D. , Ciancarelli, V. Music preference and the five-factor model of the neo personality inventory [J]. Psychology of Music, 1997, 25 (1): 120-132.

[244] Rawlings, D. , Twomey, F. , Burns, E. , Morris, S. Personality, creativity, and aesthetic preferences: comparing psychoticism, sensation seeking, schizotypy and openness to experience [J]. Empirical Studies of the Arts, 1998, 16 (5): 153-178.

[245] Rawlings, D. , Vidal, N. , Furnham, A. Personality and aesthetic preference in spain and england: two studies relating sensation seeking and openness to experience liking for paintings and music [J]. European Journal of Personality, 2000, 14 (2): 553-576.

[246] Renaud, L. , Camille, S. The effect of naturalness claims on perceptions of food product naturalness in the point of purchase [J]. Journal of Retailing and

Consumer Services, 2013, 20 (3): 529-537.

[247] Robert, E. R. 100 ideas that changed graphic design [J]. Cartography and Geographic Information Science, 2014, 41 (1): 111-113.

[248] Roehrich, G. Consumer innovativeness [J]. Journal of Business Research, 2004, 57 (6): 671-677.

[249] Rojas-Méndez, J. I., Murphy, S. A., Papadopoulos, N. The U. S. brand personality: a Sino perspective [J]. Journal of Business Research, 2013, 66 (8): 1028-1034.

[250] Rojas-Méndez, J. I., Papadopoulos, N. Argentine consumers' perceptions of the U. S. brand personality [J]. Latin American Business Review, 2012, 13 (4): 329-345.

[251] Rozin, P. et al. Preference for natural: instrumental and ideational/moral motivations, and the contrast between foods and medicines [J]. Appetite, 2004, 43 (2): 147-154.

[252] Russell, C. A. Investigating the effectiveness of product placements in television shows: the role of modalityand plot connection congruence on brand memory and attitude [J]. Journal of Consumer Research, 2002, 29 (3): 306-318.

[253] Samu, S., Krishnan, H. S. Brand related information as context: the impact of brand name characteristics on memory and choice [J]. Journal of the Academy of Marketing Sciences, 2010, 38 (4): 456-470.

[254] Sauer, N., Eisend, M. Brand personality: a meta-analytic review of antecedents and consequences [J]. Marketing Letters, 2013, 24 (3): 205-216.

[255] Sauer, N., Ratneshwar, S., Sen, S. Drivers of consumer-brand identification [J]. International Journal of Research in Marketing, 2012, 29 (4): 406-418.

[256] Schechter, A. H. Measuring the value of corporate and brand logos [J]. Design Management Journal, 1993, 4 (1): 33-39.

[257] Schepman, A., Rodway, P., Pullen, S. J., Kirkham, J. Shared liking and association valence for representational art but not abstract art [J]. Journal of Vision, 2015, 15 (5): 1-10.

［258］ Schmitt, B. H. Language and visual imagery: issues of corporate identity in east asia ［J］. Columbia Journal of World Business, 1995, 30 (4): 28-36.

［259］ Schmitt, B. H. The consumer psychology of brands ［J］. Journal of Consumer Psychology, 2012, 22 (1): 7-17.

［260］ Schmitt, B. H. , Alex, S. , Joshua, M. Managing corporate image and identity ［J］. Long Range Planing, 1995, 28 (5): 82-92.

［261］ Schulze, C. , Schöler, L. , Skiera, B. Not all fun and games: viral marketing for utilitarian products ［J］. Journal of Marketing, 2014, 78 (1): 1-19.

［262］ Seifert, L. S. Pictures as means of conveying information ［J］. Journal of General Psychology, 1992, 119 (3): 279-287.

［263］ Sharma, N. , Varki, S. Active white space (AWS) in logo designs: effects on logo evaluations and brand communication ［J］. Journal of Advertising, 2018, 47 (3): 270-281.

［264］ Shaughnessy, N. J. Treating the nation as a brand: some neglected issues ［J］. Journal of Macromarketing, 2000, 20 (1): 56-64.

［265］ Simon, C. J. , Sullivan, M. W. The measurement and determinants of brand equity: a financial approach ［J］. Marketing Science, 1993, 12 (1): 28-53.

［266］ Sirgy, J. Self-concept in consumer behavior: a critical review ［J］. Journal of Consumer Research, 1982, 9 (12): 287-300.

［267］ Slaughter, J. E. , Zickar, M. J. , Highhouse, S. , Mohr, D. C. Personality trait inferences about organizations: development of a measure and assessment of construct validity ［J］. Journal of Applied Psychology, 2004, 89 (1): 85-102.

［268］ Sonnier, G. , Andrew, A. Estimating the value of brand-image associations: the role of general and specific brand image ［J］. Journal of Marketing Research, 2011, 48 (3): 518-31.

［269］ Srinivasan, S. , Hanssens, D. M. Marketing and firm value: metrics, methods, findings, and future directions ［J］. Journal of Marketing Research, 2009, 46 (3): 293-312.

[270] Srinivasan, V. , Park, C. S. A survey-based method for measuring and understanding brand equity and its extendibility [J]. Journal of Marketing Research, 1994, 31 (2): 271-288.

[271] Srinivasan, V. , Park, C. S. , Chang, D. R. An approach to the measurement, analysis, and prediction of brand equity and its sources [J]. Management Science, 2005, 51 (9): 1433-1448.

[272] Srivastava, R. , Shocker, A. D. Brand equity: a perspective on its meaning and measurement [M]. Cambridge: Marketing Science Institute Working Paper Series, 1991: 91-124.

[273] Srull, T. K. , Lichtenstein, M. , Rothbart, M. Associative storage and retrieval processes in person memory [J]. Journal of Experimental Psychology: Learning, Memory, and Cognition, 1985, 11 (2): 316-322.

[274] Stephanie, H. , Aaron, G. , Lay, P. T. , Jayne, K. The effect of brand personality and congruity on customer-based brand equity and loyalty of personal computer brands [J]. Proceedings of the Academy of Marketing Conference: Marketing Field Forever, Liverpool, Academy of Marketing, 2011: 1-7.

[275] Stoltman, J. J. Advertising effectiveness: the role of advertising schema [R]. American Marketing Association Winter Educators' Conference Proceedings, 1991: 317-318.

[276] Sujan, M. Consumer knowledge: effects on evaluation strategies mediating consumer judgments [J]. Journal of Consumer Research, 1985, 12 (1): 31-46.

[277] Sundar, A. , Kellaris, J. How logo colors influence shoppers' judgments of retailer ethicality: the mediating role of perceived eco-friendliness [J]. Journal of Business Ethics, 2017, 146 (3): 685-701.

[278] Sundar, A. , Noseworthy, T. J. Place the logo high or low? using conceptual metaphors of power in packaging design [J]. Journal of Marketing, 2014, 78 (5): 138-151.

[279] Sung, Y. J. , Kim, J. Effects of brand personality on brand trust and brand

affect [J]. Psychology and Marketing, 2010, 27 (7): 639-661.

[280] Sung, Y. J. , Tinkham, S. F. Brand personality structures in the United States and Korea: common and culture-specific factors [J]. Journal of Consumer Psychology, 2005, 15 (4): 334-350.

[281] Swaminathan, V. , Stilley, K. M. , Ahluwalia. , R. When brand personality matters: the moderating role of attachment styles [J]. Journal of Consumer Research, 2009, 35 (6): 985-1002.

[282] Tiggemann, M. , Kemps, E. The phenomenology of food cravings: the role of mental imagery [J]. Appetite, 2005, 45 (3): 305-313.

[283] Torn, F. Revisiting the match-up hypothesis: effects of brand incongruous celebrity endorsements [J]. Journal of Current Issues and Research in Advertising, 2012, 33 (1): 20-36.

[284] Torn, F. , Dahlen, M. Effects of brand incongruent advertising in competitive settings [J]. Centre for Consumer Marketing, 2008, 31 (4): 272-290.

[285] Tourangeau, R. , Robert, J. S. Understanding and appreciating metaphors [J]. Cognition, 1982, 11 (3): 203-244.

[286] Unnava, H. R. , Sanjeev, A. , Curtis, P. H. Interactive effects of presentation modality and message generated imagery on recall of advertising information [J]. Journal of Consumer Research, 1996, 23 (6): 81-88.

[287] Uusitalo, L. , Simola, J. , Kuisma, J. Consumer perception of abstract and representational visual art [J]. International Journal of Arts Management, 2012, 15 (1): 30-41.

[288] Vahdati, H. , Mousavi, N. S. H. Brand personality toward customer purchase intention: the intermediate role of electronic word-of-mouth and brand equity [J]. Asian Academy of Management Journal, 2016, 21 (2): 1-26.

[289] Valette, P. , Guizani, H. , Merunka, D. The impact of brand personality and sales promotions on brand equity [J]. Journal of Business Research, 2011, 64 (1): 24-28.

[290] Van Riel Cccs B. M. , Anouschka, V. B. The added value of corporate logos: an

empirical study [J]. European Journal of Marketing, 2001, 35 (3): 428-440.

[291] Van, D. L. R. et al. Cross-national logo evaluation analysis: an individual-level approach [J]. Marketing Science, 2009, 28 (5): 968-985.

[292] Van, G. B. , Das, E. Logo design in marketing communications: brand logo complexity moderates exposure effects on brand recognition and brand attitude [J]. Journal of Marketing Communications, 2016, 22 (3): 256-270.

[293] Vartorella, W. Doing the bright thing with your company logo [J]. Advertising Age, 1990, 61 (2): 26-31.

[294] Venable, B. T. , Rose, G. M. , Bush, V. D. , Gilbert, F. W. The role of brand personality in charitable giving: an assessment and validation [J]. Journal of the Academy of Marketing Science, 2005, 33 (3): 295-312.

[295] Veryzer, R. W. A nonconscious processing explanation of consumer response to product design [J]. Journal of Psychology and Marketing, 1999, 6 (6): 497-522.

[296] Vessel, E. A. , Rubin, N. Beauty and the beholder: highly individual taste for abstract, but not real-world images [J]. Journal of Vision, 2010, 10 (2): 1-14.

[297] Voorveld, H. A. M. Media multitasking and the effectiveness of combining online and radio advertising [J]. Computers in Human Behavior, 2011, 27 (6): 2200-2206.

[298] Walters, G. , Sparks, B. , Herington, C. The effectiveness of print advertising stimuli in evoking elaborate consumption visions for potential travelers [J]. Journal of Travel Research, 2007, 46: 24-34

[299] Wang, X. , Wang, X. , Fang, X. , Jiang, Q. Power distance belief and brand personality evaluations [J]. Journal of Business Research, 2018, 84 (3): 89-99.

[300] Wang, Z. , Duff, B. R. L. , Clayton, R. B. Establishing a factor model for aesthetic preference for visual complexity of brand logo [J]. Journal of Current

Issuesand Research in Advertising, 2017, 89 (3): 1-18.

[301] Wee, T. T. T. Extending human personality to brands: the stability factor [J]. Journal of Brand Management, 2004, 11 (3): 317-330.

[302] Weibel, D. , Wissmath, B. , Mast, F. W. Influence of mental imagery on spatial presence and enjoyment assessed in different types of media [J]. Cyberpsychology, Behavior, and Social Networking, 2011, 14 (10): 607-612.

[303] Williams, L. E. , Huang, J. Y. , Bargh, J. A. The scaffolded mind: higher mental processes are grounded in early experienceof the physical world [J]. European Journal of Social Psychology, 2009, 39 (7): 1257-1267.

[304] Yoo, B. , Donthu, N. Developing and validating a multidimensional consumer-based brand equity scale [J]. Journal of Business Research, 2001, 52 (1): 1-14.

[305] Yoo, J. , Kim, M. Online product presentation: the effect of product coordination and a model's face [J]. Journal of Research in Interactive Marketing, 2012, 6 (1): 59-72.

[306] Yoo, J. , Kim, M. The effects of online product presentation on consumer responses: a mental imagery perspective [J]. Journal of Business Research, 2014, 67 (5): 2464-2472.

[307] Yoon, H. J. Understanding schema incongruity as a process in advertising: review and future recommendations [J]. Journal of Marketing Communications, 2013, 19 (5): 360-376.

[308] Yoon, S. , Yung, K. C. , Sujin, S. When intrusive can be likable: product placement effects on multitasking consumers [J]. Journal of Advertising, 2011, 40 (2): 63-75.

[309] Zhang, W. , Jeong, S. , Martin, F. Effects of multitasking and arousal on television recall and secondary task performance [J]. Journal of Media Psychology, 2010, 22 (3): 2-13.

[310] Zhang, Y. , Lawrence, Fcick. , Lydia, J. P. The impact of self-construal on

aesthetic preference for angular versus rounded shapes ［J］. Personality and Social Psychology Bulletin, 2006, 32 (6): 794-805.

［311］ Zhu, R. , Jennifer, J. A. Exploring the impact of various shaped seating arrangements on persuasion ［J］. Journal of Consumer Research, 2013, 40 (2): 336-349.

［312］ Zigler, E. , Child, I. L. Socialisation ［J］. The Handbook of Social Psychology, 1976, 3 (1): 450-465.

附　　录

附录1：研究1a 实验材料

实验1

尊敬的先生/女士：您好！我们想知道您对图形品牌标识与品牌个性的看法。本问卷以匿名方式填写，而且您填写的答案无对错之分，请不要有任何顾虑，如实回答，谢谢您的支持与合作！

下面是社交平台 ins 的品牌标识，请观看后根据下列陈述从1（非常不同意）到7（非常同意）中选择最能表明您的观点的数字。

品牌标识操纵材料：

高自然性组   低自然性组

一、请谈谈您对这个品牌标识的看法（1=非常不同意；7=非常同意）

1. 该品牌标识的自然性

（说明：品牌标识自然性反映了品牌标识对客观自然物象原形的描绘程度，程度越高，品牌标识自然性水平越高；反之，品牌标识自然性水平越低。）

非常低1　　2　　3　　4　　5　　6　　7非常高

2. 这个品牌标识很适合 ins 社交平台　　　　1　2　3　4　5　6　7

3. 这个品牌标识我很熟悉　　　　　　　　　　1　2　3　4　5　6　7

4. 这个品牌标识很有美感　　　　　　　　　　1　2　3　4　5　6　7

5. 我很喜欢这个品牌标识的样子　　　　　　　1　2　3　4　5　6　7

6. 这个标识设计看起来很复杂　　　　　　　　1　2　3　4　5　6　7

二、请谈谈您对这个品牌标识所属品牌的态度（1＝非常不同意；7＝非常同意）

1. 该品牌很朴实　　　　　　　　　　　　　　1　2　3　4　5　6　7

2. 该品牌很沉稳　　　　　　　　　　　　　　1　2　3　4　5　6　7

3. 该品牌很诚恳　　　　　　　　　　　　　　1　2　3　4　5　6　7

4. 该品牌很温暖　　　　　　　　　　　　　　1　2　3　4　5　6　7

5. 该品牌很时尚　　　　　　　　　　　　　　1　2　3　4　5　6　7

6. 该品牌很有活力　　　　　　　　　　　　　1　2　3　4　5　6　7

7. 该品牌很富有想象力　　　　　　　　　　　1　2　3　4　5　6　7

8. 该品牌很有现代感　　　　　　　　　　　　1　2　3　4　5　6　7

9. 该品牌很可靠　　　　　　　　　　　　　　1　2　3　4　5　6　7

10. 该品牌很专业　　　　　　　　　　　　　 1　2　3　4　5　6　7

11. 该品牌很自信　　　　　　　　　　　　　 1　2　3　4　5　6　7

12. 该品牌很有魅力　　　　　　　　　　　　 1　2　3　4　5　6　7

13. 该品牌很迷人　　　　　　　　　　　　　 1　2　3　4　5　6　7

14. 该品牌很有男人味　　　　　　　　　　　 1　2　3　4　5　6　7

15. 该品牌很粗野　　　　　　　　　　　　　 1　2　3　4　5　6　7

三、我们希望能了解一些您的基本情况，请回答以下问题。

1. 您的性别

　　男

　　女

2. 您的年龄段

　　18～25 岁

　　26～35 岁

36～40 岁

40 岁以上

谢谢您的支持!

附录 2：研究 1b 实验材料

实验 2

尊敬的先生/女士！您好！我们想知道您对图形品牌标识与品牌个性的看法。本问卷以匿名方式填写，而且您填写的答案无对错之分，请不要有任何顾虑，如实回答，谢谢您的支持与合作！

下面是名为"品冠"的乳业公司的品牌标识，请观看后根据下列陈述从 1（非常不同意）到 7（非常同意）中选择最能表明您的观点的数字。

品牌标识操纵材料：

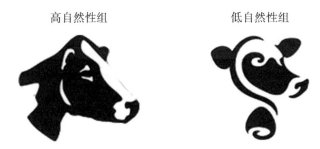

高自然性组　　　　　　　　　低自然性组

一、请谈谈您对这个品牌标识的看法（1=非常不同意；7=非常同意）

1. 该品牌标识的自然性

（说明：品牌标识自然性反映了品牌标识对客观自然物象原形的描绘程度，程度越高，品牌标识自然性水平越高；反之，品牌标识自然性水平越低。）

非常低 1　　2　　3　　4　　5　　6　　7 非常高

2. 这个品牌标识很适合乳业品牌　　　　　　1　2　3　4　5　6　7

3. 这个品牌标识我很熟悉　　　　　　　　　1　2　3　4　5　6　7

4. 这个品牌标识很有美感　　　　　　　　　1　2　3　4　5　6　7

5. 我很喜欢这个品牌标识的样子　　　　　　1　2　3　4　5　6　7

6. 这个标识设计看起来很复杂　　　　　　　1　2　3　4　5　6　7

7. 这个品牌标识很新奇　　　　　　　　　　1　2　3　4　5　6　7

8. 这个品牌标识给人感觉很有创意　　　　　1　2　3　4　5　6　7

9. 这个品牌标识给人感觉很有原创性　　　　　1　2　3　4　5　6　7

二、请从以下选项中选择与您的观点一致的数字（1＝非常不同意；7＝非常同意）

1. 该品牌很朴实　　　　　　　　　　1　2　3　4　5　6　7

2. 该品牌很沉稳　　　　　　　　　　1　2　3　4　5　6　7

3. 该品牌很诚恳　　　　　　　　　　1　2　3　4　5　6　7

4. 该品牌很温暖　　　　　　　　　　1　2　3　4　5　6　7

5. 该品牌很时尚　　　　　　　　　　1　2　3　4　5　6　7

6. 该品牌很有活力　　　　　　　　　1　2　3　4　5　6　7

7. 该品牌很富有想象力　　　　　　　1　2　3　4　5　6　7

8. 该品牌很有现代感　　　　　　　　1　2　3　4　5　6　7

9. 该品牌很可靠　　　　　　　　　　1　2　3　4　5　6　7

10. 该品牌很专业　　　　　　　　　1　2　3　4　5　6　7

11. 该品牌很自信　　　　　　　　　1　2　3　4　5　6　7

12. 该品牌很有魅力　　　　　　　　1　2　3　4　5　6　7

13. 该品牌很迷人　　　　　　　　　1　2　3　4　5　6　7

14. 该品牌很有男人味　　　　　　　1　2　3　4　5　6　7

15. 该品牌很粗野　　　　　　　　　1　2　3　4　5　6　7

三、我们希望能了解一些您的基本情况，请回答以下问题。

1. 您的性别

　　男

　　女

2. 您的年龄段

　　18~25 岁

　　26~35 岁

　　36~40 岁

　　40 岁以上

谢谢您的支持！

实验 3

尊敬的先生/女士：您好！我们想知道您对图形品牌标识与品牌个性的看法。本问卷以匿名方式填写，而且您填写的答案无对错之分，请不要有任何顾虑，如实回答，谢谢您的支持与合作！

下面是名为"品冠"的乳业公司的品牌标识，请观看后根据下列陈述从 1（非常不同意）到 7（非常同意）中选择最能表明您的观点的数字。

品牌标识操纵材料：

高自然性组　　　　　　　　　低自然性组

一、请谈谈您对这个品牌标识的看法（1=非常不同意；7=非常同意）

1. 该品牌标识的自然性

（说明：品牌标识自然性反映了品牌标识对客观自然物象原形的描绘程度，程度越高，品牌标识自然性水平越高；反之，品牌标识自然性水平越低。）

非常低1　　2　　3　　4　　5　　6　　7非常高

2. 这个品牌标识很适合乳业品牌　　　　　　1　2　3　4　5　6　7

3. 这个品牌标识我很熟悉　　　　　　　　　1　2　3　4　5　6　7

4. 这个品牌标识很有美感　　　　　　　　　1　2　3　4　5　6　7

5. 我很喜欢这个品牌标识的样子　　　　　　1　2　3　4　5　6　7

6. 这个标识设计看起来很复杂　　　　　　　1　2　3　4　5　6　7

7. 这个品牌标识很新奇　　　　　　　　　　1　2　3　4　5　6　7

8. 这个品牌标识给人感觉很有创意　　　　　1　2　3　4　5　6　7

9. 这个品牌标识给人感觉很有原创性　　　　1　2　3　4　5　6　7

二、请从以下选项中选择与您的观点一致的数字（1=非常不同意；7=非常

同意)

1. 该品牌很朴实	1　2　3　4　5　6　7	
2. 该品牌很沉稳	1　2　3　4　5　6　7	
3. 该品牌很诚恳	1　2　3　4　5　6　7	
4. 该品牌很温暖	1　2　3　4　5　6　7	
5. 该品牌很时尚	1　2　3　4　5　6　7	
6. 该品牌很有活力	1　2　3　4　5　6　7	
7. 该品牌很富有想象力	1　2　3　4　5　6　7	
8. 该品牌很有现代感	1　2　3　4　5　6　7	
9. 该品牌很可靠	1　2　3　4　5　6　7	
10. 该品牌很专业	1　2　3　4　5　6　7	
11. 该品牌很自信	1　2　3　4　5　6　7	
12. 该品牌很有魅力	1　2　3　4　5　6　7	
13. 该品牌很迷人	1　2　3　4　5　6　7	
14. 该品牌很有男人味	1　2　3　4　5　6　7	
15. 该品牌很粗野	1　2　3　4　5　6　7	

三、我们希望能了解一些您的基本情况，请回答以下问题。

1. 您的性别

　　男

　　女

2. 您的年龄段

　　18~25 岁

　　26~35 岁

　　36~40 岁

　　40 岁以上

谢谢您的支持!

附录3：研究1c实验材料

实验4

尊敬的先生/女士：您好！我们想知道您对图形品牌标识与品牌个性的看法。本问卷以匿名方式填写，而且您填写的答案无对错之分，请不要有任何顾虑，如实回答，谢谢您的支持与合作！

下面是一家名为"森记"的木制品餐具公司/"艾格"的玻璃制品餐具公司的品牌标识及其产品，请观看后根据下列陈述从1（非常不同意）到7（非常同意）中选择最能表明您的观点的数字。

品牌标识操纵材料：

高自然性组　　　　　　　　低自然性组

产品类型操纵材料：

产品介绍1：这款木碗是使用天然的优质木材，经过复杂的工艺流程，并用天然生漆擦制而成。

产品介绍2：这是一款采用人造玻璃材料结合机制工艺生产的玻璃碗，透明、耐高温，一碗多用。

自然成分产品组

人造成分产品组

一、请谈谈您对这个品牌标识的看法（1＝非常不同意；7＝非常同意）

1. 该品牌标识的自然性

（说明：品牌标识自然性反映了品牌标识对客观自然物象原形的描绘程度，程度越高，品牌标识自然性水平越高；反之，品牌标识自然性水平越低。）

非常低1　　2　　3　　4　　5　　6　　7非常高

2. 这个品牌标识很适合餐具品牌　　　　　　1 2 3 4 5 6 7

3. 这个品牌标识我很熟悉　　　　　　　　　1 2 3 4 5 6 7

4. 这个品牌标识很有美感　　　　　　　　　1 2 3 4 5 6 7

5. 我很喜欢这个品牌标识的样子　　　　　　1 2 3 4 5 6 7

6. 这个标识设计看起来很复杂　　　　　　　1 2 3 4 5 6 7

二、请谈谈您对木碗/玻璃碗的看法（1＝非常不同意；7＝非常同意）

1. 木碗/玻璃碗的加工程度

　　非常低1　　2　　3　　4　　5　　6　　7非常高

2. 木碗/玻璃碗主要由天然成分制成　　　　1 2 3 4 5 6 7

3. 木碗/玻璃碗的原料主要取材于自然环境　1 2 3 4 5 6 7

4. 木碗/玻璃碗是很尊重自然的　　　　　　1 2 3 4 5 6 7

5. 木碗/玻璃碗的人造成分很少　　　　　　1 2 3 4 5 6 7

三、请谈谈您对这个品牌标识所属品牌的态度（1＝非常不同意；7＝非常同意）

1. 该品牌很朴实　　　　　　　　　　　　　1 2 3 4 5 6 7

2. 该品牌很沉稳　　　　　　　　　　　　　1 2 3 4 5 6 7

3. 该品牌很诚恳　　　　　　　　　　　　　1 2 3 4 5 6 7

4. 该品牌很温暖　　　　　　　　　　　　　1 2 3 4 5 6 7

5. 该品牌很时尚　　　　　　　　　1　2　3　4　5　6　7

6. 该品牌很有活力　　　　　　　　1　2　3　4　5　6　7

7. 该品牌很富有想象力　　　　　　1　2　3　4　5　6　7

8. 该品牌很有现代感　　　　　　　1　2　3　4　5　6　7

9. 该品牌很可靠　　　　　　　　　1　2　3　4　5　6　7

10. 该品牌很专业　　　　　　　　　1　2　3　4　5　6　7

11. 该品牌很自信　　　　　　　　　1　2　3　4　5　6　7

12. 该品牌很有魅力　　　　　　　　1　2　3　4　5　6　7

13. 该品牌很迷人　　　　　　　　　1　2　3　4　5　6　7

14. 该品牌很有男人味　　　　　　　1　2　3　4　5　6　7

15. 该品牌很粗野　　　　　　　　　1　2　3　4　5　6　7

四、我们希望能了解一些您的基本情况，请回答以下问题。

1. 您的性别

　男

　女

2. 您的年龄段

　18~25 岁

　26~35 岁

　36~40 岁

　40 岁以上

谢谢您的支持！

实验 5

尊敬的先生/女士：您好！我们想知道您对图形品牌标识与品牌个性的看法。本问卷以匿名方式填写，而且您填写的答案无对错之分，请不要有任何顾虑，如实回答，谢谢您的支持与合作！

下面是一家名为"明芽"的茶业公司/"优源"的饮品公司的品牌标识及其产品，请观看后根据下列陈述从 1（非常不同意）到 7（非常同意）中选择最能表明您的观点的数字。

品牌标识操纵材料：

高自然性组

低自然性组

产品类型操纵材料：

产品介绍1：这款茶叶是在清明时节采摘后，选取半烘炒方式的加工工艺制成。

产品介绍2：这款冰绿茶饮料，属于调味茶饮品，其主要配料包括水、白砂糖、果葡糖浆、速溶绿茶粉以及食品添加剂（食用香精、D-异抗坏血酸钠、六偏磷酸钠、柠檬酸钠、维生素C等）。

自然成分产品组

人造成分产品组

一、请谈谈您对这个品牌标识的看法（1＝非常不同意；7＝非常同意）

1. 该品牌标识的自然性

（说明：品牌标识自然性反映了品牌标识对客观自然物象原形的描绘程度，程度越高，品牌标识自然性水平越高；反之，品牌标识自然性水平越低。）

非常低1　　2　　3　　4　　5　　6　　7非常高

2. 这个品牌标识很适合茶业/饮品公司　　　　　1　2　3　4　5　6　7

3. 这个品牌标识我很熟悉　　　　　　　　　　　1　2　3　4　5　6　7

4. 这个品牌标识很有美感　　　　　　　　　　　1　2　3　4　5　6　7

5. 我很喜欢这个品牌标识的样子　　　　　　　　1　2　3　4　5　6　7

6. 这个标识设计看起来很复杂　　　　　　　　　1　2　3　4　5　6　7

7. 这个品牌标识很新奇　　　　　　　　　　　　1　2　3　4　5　6　7

8. 这个品牌标识给人感觉很有创意　　　　　　　1　2　3　4　5　6　7

9. 这个品牌标识给人感觉很有原创性　　　　　　1　2　3　4　5　6　7

二、请谈谈您对茶叶/冰绿茶饮料的看法（1＝非常不同意；7＝非常同意）

1. 茶叶/冰绿茶饮料的加工程度

　　非常低1　　2　　3　　4　　5　　6　　7非常高

2. 茶叶/冰绿茶饮料主要由天然成分制成　　1　2　3　4　5　6　7

3. 茶叶/冰绿茶饮料的原料主要取材于自然环境　1　2　3　4　5　6　7

4. 茶叶/冰绿茶饮料是很尊重自然的　　　　1　2　3　4　5　6　7

5. 茶叶/冰绿茶饮料的人造成分很少　　　　1　2　3　4　5　6　7

三、请谈谈您对这个品牌标识所属品牌的态度（1＝非常不同意；7＝非常同意）

1. 该品牌很朴实　　　　　　　　　　　　　1　2　3　4　5　6　7

2. 该品牌很沉稳　　　　　　　　　　　　　1　2　3　4　5　6　7

3. 该品牌很诚恳　　　　　　　　　　　　　1　2　3　4　5　6　7

4. 该品牌很温暖　　　　　　　　　　　　　1　2　3　4　5　6　7

5. 该品牌很时尚　　　　　　　　　　　　　1　2　3　4　5　6　7

6. 该品牌很有活力　　　　　　　　　　　　1　2　3　4　5　6　7

7. 该品牌很富有想象力　　　　　　　　　　1　2　3　4　5　6　7

8. 该品牌很有现代感　　　　　　　1　2　3　4　5　6　7

9. 该品牌很可靠　　　　　　　　　1　2　3　4　5　6　7

10. 该品牌很专业　　　　　　　　　1　2　3　4　5　6　7

11. 该品牌很自信　　　　　　　　　1　2　3　4　5　6　7

12. 该品牌很有魅力　　　　　　　　1　2　3　4　5　6　7

13. 该品牌很迷人　　　　　　　　　1　2　3　4　5　6　7

14. 该品牌很有男人味　　　　　　　1　2　3　4　5　6　7

15. 该品牌很粗野　　　　　　　　　1　2　3　4　5　6　7

四、我们希望能了解一些您的基本情况，请回答以下问题。

1. 您的性别

　　男

　　女

2. 您的年龄段

　　18~25 岁

　　26~35 岁

　　36~40 岁

　　40 岁以上

谢谢您的支持！

附录4：研究2a实验材料

实验6

尊敬的先生/女士：您好！我们想知道您对图形品牌标识、品牌个性以及品牌相关评价的看法。本问卷以匿名方式填写，而且您填写的答案无对错之分，请不要有任何顾虑，如实回答，谢谢您的支持与合作！

品牌个性操控材料：

（1）刺激个性情景

"飞扬"女装服饰公司是一家知名的潮流风服装品牌，该品牌的服装大多采用与众不同的大胆设计，主要定位是为富有创造力的千禧一代女性打造别具一格的着装体验，这可能是"飞扬"女装品牌被描述为如此新潮的原因。

（2）成熟个性情景

"玲珑"女装服饰公司是一家知名的轻熟风服装品牌，该品牌的服装大多采用荷叶边、碎花以及鱼尾等经典传统的设计，主要定位是为优雅内敛的30~40岁成熟女性打造柔美典雅的着装体验，这可能是"玲珑"女装品牌被描述为如此优雅的原因。

下面是"飞扬"女装服饰公司/"玲珑"女装服饰公司的品牌标识，请观看后根据下列陈述从1（非常不同意）到7（非常同意）中选择最能表明您的观点的数字。

品牌标识操纵材料：

高自然性组　　　　　　　　　低自然性组

一、请谈谈您对这个品牌的看法（1＝非常不同意；7＝非常同意）

1. 该品牌很时尚　　　　　　　　　　　　1　2　3　4　5　6　7

2. 该品牌很有活力　　　　　　　　　　　1　2　3　4　5　6　7

3. 该品牌很富有想象力　　　　　　　　　1　2　3　4　5　6　7

4. 该品牌很有现代感　　　　　　　　　　1　2　3　4　5　6　7

5. 该品牌很有魅力　　　　　　　　　　　1　2　3　4　5　6　7

6. 该品牌很迷人　　　　　　　　　　　　1　2　3　4　5　6　7

二、请谈谈您对这个品牌标识的看法（1＝非常不同意；7＝非常同意）

1. 该品牌标识的自然性

（说明：品牌标识自然性反映了品牌标识对客观自然物象原形的描绘程度，程度越高，品牌标识自然性水平越高；反之，品牌标识自然性水平越低。）

非常低1　　2　　3　　4　　5　　6　　7非常高

2. 这个品牌标识很适合女装品牌　　　　　1　2　3　4　5　6　7

3. 这个品牌标识我很熟悉　　　　　　　　1　2　3　4　5　6　7

4. 这个品牌标识很有美感　　　　　　　　1　2　3　4　5　6　7

5. 我很喜欢这个品牌标识的样子　　　　　1　2　3　4　5　6　7

6. 这个标识设计看起来很复杂　　　　　　1　2　3　4　5　6　7

三、请谈谈您对该品牌标识所属品牌的评价（1＝非常不同意；7＝非常同意）

1. 我对该品牌很有好感　　　　　　　　　1　2　3　4　5　6　7

2. 我觉得该品牌很讨人喜欢　　　　　　　1　2　3　4　5　6　7

四、我们希望能了解一些您的基本情况，请回答以下问题。

1. 您的性别

　　男

　　女

2. 您的年龄段

　　18～25 岁

　　26～35 岁

　　36～40 岁

40 岁以上

谢谢您的支持！

实验 7

尊敬的先生/女士：您好！我们想知道您对图形品牌标识、品牌个性以及品牌相关评价的看法。本问卷以匿名方式填写，而且您填写的答案无对错之分，请不要有任何顾虑，如实回答，谢谢您的支持与合作！

品牌个性操控材料：

（1）刺激个性情景

"新意"是一个生产和销售各种果蔬汁的饮料品牌，它采用独特的制造工艺，所有用于制造公司果蔬汁的水果和蔬菜都是从使用特种种植技术的农场购买的，这可能就是"新意"果蔬汁品牌被描述为如此新潮的原因。

（2）纯真个性情景

"纯臻"是一个生产和销售各种果蔬汁的饮料品牌，它采用传统的制造工艺，所有用于制造公司果蔬汁的水果和蔬菜都是从小镇的农场购买的，这可能就是"纯臻"果蔬汁品牌被描述为如此朴实的原因。

下面是"新意"公司/"纯臻"公司的品牌标识，请观看后根据下列陈述从1（非常不同意）到7（非常同意）中选择最能表明您的观点的数字。

品牌标识操纵材料：

高自然性组　　　　　低自然性组

一、请谈谈您对这个品牌的看法（1＝非常不同意；7＝非常同意）

1. 该品牌很朴实　　　　　　　　　　1　2　3　4　5　6　7

2. 该品牌很沉稳　　　　　　　　　　1　2　3　4　5　6　7

3. 该品牌很诚恳　　　　　　　　　　1　2　3　4　5　6　7

4. 该品牌很温暖　　　　　　　　　　1　2　3　4　5　6　7

5. 该品牌很时尚　　　　　　　　　　1　2　3　4　5　6　7

6. 该品牌很有活力　　　　　　　　　1　2　3　4　5　6　7

7. 该品牌很富有想象力　　　　　　　1　2　3　4　5　6　7

8. 该品牌很有现代感　　　　　　　　1　2　3　4　5　6　7

二、请谈谈您对这个品牌标识的看法（1＝非常不同意；7＝非常同意）

1. 该品牌标识的自然性

（说明：品牌标识自然性反映了品牌标识对客观自然物象原形的描绘程度，程度越高，品牌标识自然性水平越高；反之，品牌标识自然性水平越低。）

非常低 1　　2　　3　　4　　5　　6　　7 非常高

2. 这个品牌标识很适合果蔬汁饮料品牌　　1　2　3　4　5　6　7

3. 这个品牌标识我很熟悉　　　　　　　　1　2　3　4　5　6　7

4. 这个品牌标识很有美感　　　　　　　　1　2　3　4　5　6　7

5. 我很喜欢这个品牌标识的样子　　　　　1　2　3　4　5　6　7

6. 这个标识设计看起来很复杂　　　　　　1　2　3　4　5　6　7

三、请谈谈您对该品牌标识与品牌特征匹配的看法（1＝非常不同意；7＝非常同意）

1. 这个品牌标识很适合新潮的"新意"果蔬汁品牌/朴实的"纯臻"果蔬汁品牌　　　　　　　　　　　　　　　　1　2　3　4　5　6　7

2. 这个品牌标识与新潮的"新意"果蔬汁品牌很搭配/朴实的"纯臻"果蔬汁品牌很搭配　　　　　　　　　　　　1　2　3　4　5　6　7

四、请谈谈您对该品牌标识所属品牌的评价（1＝非常不同意；7＝非常同意）

1. 我对该品牌很有好感　　　　　　　　1　2　3　4　5　6　7

2. 我觉得该品牌很讨人喜欢　　　　　　1　2　3　4　5　6　7

五、我们希望能了解一些您的基本情况，请回答以下问题。

1. 您的性别

男

女

2. 您的年龄段

18~25 岁

26~35 岁

36~40 岁

40 岁以上

谢谢您的支持！